강 이야기 사람 이야기

국립중앙도서관 출판시도서목록(CIP)

```
강 이야기, 사람 이야기 : 정혜옥 수필집 / 글쓴이: 정혜옥.
  -- 서울 : 북랜드, 2015
    p.224 ; 152×205cm

ISBN 978-89-7787-636-1 03810 : ₩10000

한국 현대 수필[韓國現代隨筆]

814.62-KDC6
895.744-DDC23                              CIP2015009254
```

정혜옥 수필집

강 이야기, 사람 이야기

인쇄| 2015년 4월 10일
발행| 2015년 4월 15일

글쓴이| 정혜옥
펴낸이| 장호병
펴낸곳| 북랜드
　　　　135-936 서울 강남구 강남대로 320 황화빌딩 1108호
　　　　대표전화 (02) 732-4574 | (053) 252-9114
　　　　팩시밀리 (02) 734-4574 | (053) 252-9334

등 록 일| 1999년 11월 11일
등록번호| 제13-615호
홈페이지| www.bookland.co.kr
이-메 일| bookland@hanmail.net

책임편집| 김인옥
영　　업| 최성진

ⓒ 정혜옥, 2015, Printed in Korea

ISBN 978-89-7787-636-1　03810

* 저자와의 협의하에 인지를 생략합니다.
* 잘못된 책은 바꾸어 드립니다.

값 10,000 원

강 이야기, 사람 이야기
정혜옥 수필집

북랜드

머리글

한없이 나이를 먹었다. 끄트머리에 와 있다. 많은 것이 나를 둘러싸고 있었다. 가족들은 물론 나무와 강, 문장과 색채, 그리고 사람들이 나를 지켜주고 있었다. 그들 곁에서 행복하게 살았다.

지난번에는 나무에 관한 수필집을 내었다. 이번에는 강의 이야기를 묶는다. 사실 나는 나무를 만나기 이전에 강을 먼저 만났다. 강가에서 태어나고 강가에서 성장하였다. 그 강이 고향에 있는 남강이다. 나는 지금 남강을 향한 사모思慕의 마음으로 이 책을 출간한다.

강은 나에게 무엇이었던가. 다가오는 것의 의미, 흘러가 버리는 것의 의미, 붙들 수 없는 것의 의미, 이런 것을 강은 가르쳐 주었고 강물 곁에 서면 언제나 허허하고 또 가벼웠다. 이미 발표 했던 강의 수필도 함께 넣는다. 한 아름의 꽃다발을 껴안듯이 그렇게 하고 싶었다. 강 이야기와 함께 사람들 이야기도 넣었다. 내가 만난 사람들의 말, 그 이야기를 놓칠 수 없었다.

여덟 번째 수필집이다. 수필선집과 합치면 열 번째이지만 여덟

이라는 말이 나에게는 뜻이 깊다. 이번 수필집 간행은 오로지 가족들의 생각이다. 잔치를 하듯이 이 일을 추진하고 있다.

  10월 1일은 생일인 동시에 나의 세례명인 데레사 성녀의 축일이다. 감사하고 기쁘다. 그 기념으로 동해안을 다녀왔다. 가을빛이 깊어지면 지리산과 섬진강을 또 만나러 갈 것이다. 아름다운 지리산 시암재를 넘고 섬진강을 따라 달려가고 마침내 그리운 남강에 닿고, 이 일보다 더 큰 보람이 어디 있겠는가.

  머리글에 덧붙인다. 작년 10월에 출간하기로 했던 책이 지금에야 출간되었다. 책의 출간이 올해로 미루어진 것은 나의 게으름 때문이다. 어쩌면 오월 성모성월에 책을 출간하는 일이 뜻이 있는 것 같기도 하다.

  책을 출간할 때마다 깊은 관심으로 격려해준 남편과 아이들, 그리고 북랜드의 장호병 사장님과 유능한 직원들에게도 감사의 마음을 전한다.

2015년 5월 17일 앞산 밑에서 **정혜옥**

차례

1 남강에 대한 말씀

남강에 대한 말씀	10
유년의 놀이마당	16
강을 따라서	20
백마강, 깊고 푸른 물	24
오, 낙동강	29
강물놀이 봄놀이	34
형산강을 따라가다	38

2 흐르는 강물처럼

강물을 만지다	44
강 건너 나무	49
동강과 노인	53
내 마음 어딘 듯 한편에	58
강둑에서 풀과 함께	62
흐르는 강물처럼	66
강에서 온 길손	71

3 강물의 끝

강물의 끝	78
저물녘의 섬진강	82
남강	87
고향 산천	91
강을 건널 때	96
아름다운 강을 향해`	101
바람아 바람아 불어라	105
탐진강까지	110

4 크렘스 강을 떠나다

가브 강과 기도소리	116
도나우 강가에서	121
테임스 강의 어둠	126
드리나 강	131
아르노 강 위에서	136
크렘스 강을 떠나다	140
라인 강과 네카 강	145
첨벙 첨벙 강을 건넜다	149

5 오막살이 집 한 채

마당	154
빨간 산수유 열매 한 움큼	159
붕어빵을 찾아서	163
접시꽃과 장화	168
새를 보다	173
수수밭 사이로	178
오막살이 집 한 채	182
꽃무늬 블라우스	187

6 찔레꽃과의 거리

소나기에 대한 기억	194
빈들로 갈 것이다	201
찔레꽃과의 거리	206
신라 천년의 침묵	210
고요한 날	215
고풍한 벽	220
봄꿈을 꾸어라	224
읽기 쓰기 뜸들이기	229

남강에 대한 말씀

남강에 대한 말씀 | 유년의 놀이마당 | 강을 따라서
백마강, 깊고 푸른 물 | 오, 낙동강
강물놀이 봄놀이 | 형산강을 따라가다

남강에 대한 말씀

    어린 시절, 할아버지가 하시는 말씀 중에서 제일 반가운 것이 "남강이 풀렸다." 하는 말이었다. 봄, 여름, 가을의 따뜻하고 풍요하고 서늘한 강이 지나면 겨울은 곧 남강 위로 달려왔다. 강바람이 둑 너머까지 불어오면 "남강이 얼었다." 하는 소리가 이곳저곳에서 들려 왔다.
    어른들은 문풍지가 소리를 내고 울면 "강바람이 불고 있구나." 앞집의 양철지붕이 소리를 내고 들썩거리면 "강바람이 거세어졌구나." 하시며 우리를 집 안에만 가두어 두었다. 그러다가 무서리가 몇 차례 내리고 마지막 나막신장이 추위를 보내고 나면 할아버지는 먼 곳의 토지를 둘러보러 밖으로 나가셨다.

강 건너까지 다녀오신 할아버지는 대문간을 들어서시며 "이제 남강이 풀렸다." 하셨고 "아직도 강바람이 차다." 하시는 할머니의 말씀은 귀담아 듣지도 않고 우리는 우우 몰려 강으로 달려갔다. 남강은 여전히 도도하게 흐르고 있었다.

할아버지는 남강에 대한 말씀을 자주 하셨다. 진주성, 서장대, 촉석루, 망경대, 호국사 등에 얽힌 이야기며 임진왜란 때 진주성을 지키다가 순국한 삼장사 이야기도 해주셨다.

어느 날, 할아버지께서 어린 나를 안고 촉석루 아래에 있는 의암義岩으로 건너가셨다. 그 바위 위에서 논개의 비장한 이야기를 들려주시며 "일본은 우리의 원수다."라고 하셨다.

그때 나는 학교에서 일본말과 일본글을 배우고 있었다. 어쩌면 할아버지는 이런 나를 딱하게 여기시어 일부러 나를 보듬고 물살이 센 의암 위로 건너가신 것이 아닐까. 논개가 침략자 왜장을 붙들고 몸을 던진 남강 물의 푸른 정신을 보게 했던 것이 아니었을까.

할아버지의 형님이 삼일 만세 사건으로 옥사하시고 본의 아니게 장자의 자리에 들어서신 할아버지는 남은 가족을 이끌고 성 밖으로 솔가하셨다고 한다.

어린 시절, 나는 성내城內에 자주 갔었다. 성이 쌓였던 흔적도 또 경계선도 없었으나 촉석루 근방에 있는 외갓집이나 서장대 밑에 있는 활터에 갈 때면 언제나 성내에 간다고 말하였다.

할아버지를 따라 활터에 가는 것이 참 재미가 있었다. 할아버지가 쏜 화살이 시윗 소리를 내며 날아가면 나는 화살의 행방을 찾느라고 작은 눈을 크게 뜨곤 하였다.

무너진 나라와 몰락한 가문에 대한 울분을 삭이기 위해 그렇게 화살을 쏘아대시던 할아버지, 남강 둑길을 걸어가시다가 문득 걸음을 멈추시고 시 한 수를 읊으시던 할아버지. 아, 나는 지금에야 그때 할아버지가 입으셨던 두루마기의 결곡한 흰빛이 이 땅에 남아있는 선비들의 마지막 정신이었음을 깨닫는다.

활터에서 돌아올 때면 남강의 긴 강둑을 걸어오거나 시끄러운 저자거리를 지나게 된다. 시장 입구에 있는 일본인 가게에는 온갖 것이 진열되어 있었다. 내가 그것들에 눈길을 주면 할아버지는 "왜떡, 왜과자." 하시며 쳐다보지도 못하게 하셨다.

어떤 일본인 거지들이 생각난다. 할머니는 아침이 되면 제일 먼저 대문부터 활짝 열어 놓으셨다. 열린 대문으로 복이 들어온다고 하셨다. 그러나 복 대신 끼니때마다 밥을 얻으러 오는 걸인들이 더 많이 찾아왔다.

하루는 이상한 옷을 입은 거지 가족이 대문으로 들어왔다. 할머니가 "둑 밑 움막에 살고 있는 일본인 거지들인데 밥을 줄까요, 말까요." 하며 할아버지에게 물으셨다. 나는 일본을 미워하는 할아버지가 절대로 밥을 못주게 하실 줄 알았다. 그러나 할아버지는 그들에게도 음식을 주라고 하셨다. 먹을 것을 얻은 그들은 마루 위에 높이 서 계시는 할아버지를 향해 몇 번이고 절을 하였다.

그때 할아버지는 왜놈들이 나의 발밑에서 허리를 굽실거리다니 나에게 밥을 구걸하다니 하시며 경멸하는 눈으로 그들을 내려다보았다. 무언가 매우 통쾌해 하시는 것 같았다. 할아버지의 가슴 속에는 빼앗긴 나라에 대한 울분이 남강 물을 따라 흐르지 못하고 항시 고여 있었던 것이 아니었을까.

한번은 강으로 낚시를 가신 할아버지가 밤이 늦도록 돌아오지 않으셨다. 할머니는 물론 이웃집 길녀 아버지까지 동원되어 할아버지를 찾아 남강으로 갔다. 칼바위가 있는 동쪽 대숲 밑에 할아버지는 앉아계셨다.

우리가 다가간 줄도 모르시고 대숲의 한 부분처럼 바람에 흔들리며 바람소리와도 같은 낭랑한 음성으로 시조를 읊고 계셨다. 나는 어둔 강물을 향해 하염없이 앉아 계시는 할아버지가 와락 무서운 생각이 들었다.

어느 해 웃비가 많이 왔던 여름, 물 구경을 하러 남강 둑으로 올라갔다. 내가 자주 손을 담그던 순한 강물은 깊이를 알 수 없는 흙탕물로 변하여 있었다. 노도와도 같은 물의 흐름은 모든 것을 함락시킬 것 같았다. 강물의 무서운 힘을 보고 계시던 할아버지는 이윽고 "남강이 노했다." 하시었다. 그날 듣던 강물소리, 뇌우의 번쩍임과 천둥소리, 물살에 떠내려가던 부서진 집이며 가축이며 살림살이들, 나는 너무 두려워 할아버지의 두루마기 자락을 꼭 붙잡고 있었다.

지금 생각해보니 할아버지는 남강에 대하여 종교와도 같은 외경심畏敬心을 품고 계셨던 것 같다. 6·25 전쟁으로 불타버린 촉석루, 사흘 밤과 사흘 낮을 타올랐던 촉석루의 수난을 이야기하실 때도 "남강은 모든 것을 알고 있다."고 말씀 하셨다.

할아버지께서 "남강이 얼었다." "이제 남강이 풀렸다." 혹은 "남강이 노했다." "남강이 모든 것을 알고 있다." 하고 말씀하실 때마다 남강은 순하고 따뜻한 강이 되기도 하고 두려운 강으로 변하기도 하였다.

8·15 해방이 되었을 때 일본식 동네 이름을 우리 말로 바꾸는 데 앞장서신 할아버지는 제일 먼저 앵정櫻町을 장대동將臺洞

으로 고치셨다.

　해마다 음력 시월이 되면 임진왜란 때 순국한 삼장사의 제사를 충렬사에서 지낸다. 그때마다 제주가 되신 할아버지는 제사를 끝내고 돌아오실 때면 언제나 얼굴에 술기가 계셨다.

　아, 거나하게 술에 취하신 채 붉은 얼굴로 대문간을 들어서시던 할아버지, 남강의 긴 강둑을 걸어오신 듯 두루마기 자락에 서늘한 강물 냄새를 묻혀 오시던 할아버지, 할아버지의 해질녘 모습을 다시 한 번 뵙고 싶다.

유년의 놀이마당

'내 유년의 기억은 강물로부터 시작된다. 할아버지와 아버지와 내가 강 언덕에 서 있었고 우리 앞으로 큰 강이 흐르고 있었다. 그때 우리 삼대가 나란히 서서 무슨 이야기를 하였는지는 알 수 없지만 할아버지가 입으신 두루마기의 흰 빛과 강물 위를 떠가던 작은 배의 모습이 생각난다. 그 강이 섬진강이었다.' 이 글은 지난날에 쓴 「유년의 놀이마당」이라는 글의 서두이다. 이렇게 내 유년의 기억, 그 첫 자리에는 언제나 강물이 흐르고 있다.

섬진강 다음으로 연결되어오는 것이 진주에 있는 남강이다. 나는 섬진강 가에서 태어났고 남강 가에서 성장하였다. 아버지의 직장이 있는 악양에서 출생한 나는 동생이 태어나자 곧 할아버지 할머니가 계시는 진주의 본가로 옮겨왔다. 때때로 부모님을 뵙기 위해 악양에 갈 때면 섬진강 곁을 스쳐 지나곤 하였다. 악양에 대한 기억은 몇 조각의 장면으로만 남아있다.

멀리 올려다 보이는 지리산 봉우리에 흰 구름 떼가 언제나 이리저리 움직이고 있던 기억, 마당에 솟아있는 바위 위에 마른 풀이 널려있던 기억, 또 한 떼의 여자들이 강을 향해 달려가던 장면들이다. 한 떼의 여자들 속에는 어머니와 나도 끼어있었다. 아마 섬진강으로 물놀이를 하러 갔던 것 같다.

학교 앞의 높은 층계를 올라갔던 기억과 운동장에서 들리던 학생들의 함성도 생각난다. 그리고 나를 업어주던 옆집 처녀의 따뜻한 등판과 고드름을 따먹던 기억도 아슴하게 떠오른다.

남강에 대한 기억은 참으로 다양하다. 남강 가까이 살고 있던 나는 누군가가 "강으로 가자." 하고 소리를 지르면 우우 따라 강으로 갔다. 어린 우리는 물속에 발을 담그고 물이 오는 방향이며 또 흘러가는 물의 끝을 오래 바라보기도 하고 강물을 따라 뜀박질을 치기도 하였다. 그러나 강물은 우리만 강가에 남겨둔 채 멀리멀리 흘러가 버렸다.

강에는 돌이 많이 있었다. 강물과 함께 흐르지 못하는 바보 같은 돌들을 주워 강을 향해 던지기도 하였다. 그러나 작은 돌은 언제나 강 가운데쯤에서 아픈 소리를 내며 강 속으로 영원히 몸을 감추었다.

　시퍼런 풀들로 뒤덮인 강둑에 앉아 여러 놀이도 하였다. 땅따먹기, 풀이름 맞히기를 하였다. 땅따먹기는 넓고 편편한 땅에 둥근 원을 그려놓고 납작한 돌을 손끝으로 튕겨 그 길이만큼 한 뼘 두 뼘 뼘을 재어가며 자기의 땅을 넓혀가는 놀이였다. 자기의 땅을 넓히고 지키느라고 온몸에 흙을 콩고물처럼 묻히던 유년의 친구들, 지금은 어느 하늘 밑에서 허허한 욕망의 땅따먹기를 하고 있을까.

　풀이름 맞히기 놀이는 여러 풀들을 종류대로 뜯어 와서 이름을 알아맞히는 놀이이다. 눈을 감고 있는 상대방의 코끝에 풀을 들이대고 그 냄새로 이름을 알아내게 하였다. 머슴둘레, 칭칭이, 문둥이배추, 지칭개, 정지나물, 등의 풀이름과 길녀, 정자, 끝순이, 순임이 등 내 어린 날의 동무들의 이름을 불러본다.

　해가 질 때쯤이면 갈가마귀들이 떼를 지어 강 건너 대숲으로 날아갔다. 우리는 "앞에 가는 도둑, 뒤에 가는 순사." 하고 소리소리 지르며 갈가마귀 뒤를 따라 남강 다리를 건너 대숲까지 가곤 하였다.

대숲에는 지저귀는 새소리와 서걱거리는 대나무 잎들이 어울려 어스름 속으로 잠겨들고 한차례 바람이 일면 그것들은 일제히 몸을 흔들며 피리소리를 내다가 다시 정적 속으로 파묻혀 버렸다. 싸늘한 냉기를 마신 우리는 댓가지를 꺾어 들고 댓잎 소리를 내며 다시 남강다리를 건너 돌아오곤 하였다.

　강둑에는 연을 띄우는 소년들이 많이 있었다. 소년들은 언제나 남강을 향하여 연을 날리었다. 어떤 때는 줄에서 끊어진 연이 혼자 먼 하늘로 날아가기도 하였다.

　빈 얼레만을 손에 들고 떠나가고 있는 연을 망연히 보고 섰던 어떤 소년이 생각난다. 터덜터덜 혼자 집으로 돌아가던 소년의 쓸쓸한 뒷모습이 기억난다.

　저녁때가 되면 할머니는 자주 나를 찾아 강으로 오셨다. 그때마다 할머니는 강바람에 몸이 식은 나를 껴안고 "강물 귀신이 붙었나. 눈만 뜨면 강에서 논다." 하시며 집으로 이끌고 갔다.

　그때 남강 곁에서 올려다보이던 낮달이며 강바람에 휩쓸리던 모래밭의 황진은 지금도 근원적인 슬픔으로 가슴에 남아있다. 그때의 기분이 시도 때도 없이 솟아올라 멀고 먼 유년의 강 곁으로 나를 이끌고 간다.

강을 따라서

　산에서 내려온 물은 우리가 가고 있는 방향을 향해 흐르고 있었다. 우리의 목적지는 서쪽 들판 끝에 있는 버스가 다니는 큰길이다. 강물과 우리는 서로 한패가 되어 서쪽으로 가고 있는 셈이다. 강물의 시원始原은 어디인가. 또 그 끝은 어디일까. 서쪽으로 서쪽으로 흘러가면 마침내 황해 바다에 닿을 것인가.
　나는 한 번도 가보지 못한 서해 바다의 넓고 푸른 물살을 상상해 본다. 그리고 이 세상에는 우리가 알지 못하는 곳이 매우 많고 그것들을 다 만나기엔 우리의 세월이 모자람을 느낀다.
　방금 동쪽 산 밑에 있는 마을을 떠나왔다. 그 마을에는 작은 성당이 있고, 거기 계시는 노老 사제님을 찾아갔었다. 그분은 지난 시절, 진주에 있는 옥봉 성당에서- 신부님으로 계셨고, 우리는 성가대니 학생회니 하며 참 많이 성당을 들락거렸었다. 신부님은 이제 은퇴하여 산마을의 작은 성당을 지키며 노년을 보내고 계신다.

성당으로 오르는 돌층계에는 이끼가 돋아 있고, 양철 지붕도 군데군데 녹이 슬어 있었다. 비어 있는 마당에는 염소 두 마리가 맴맴 하며 나무에 매여 있다. 신발을 벗고 성당 안으로 들어갔다. 덜컹대는 창문, 좁은 공간에 비해 너무 커버린 나무 십자가, 벽에 걸린 성화며 꽃 장식 등 매우 촌스럽고 어설프다. 그러나 그 촌스러운 질서가 왜 이리도 마음을 편안하게 해 줄까, 쉬어 가고 싶게 할까.

성당 바깥으로 나왔다. 어디서 모여왔는지 방목된 닭들이 후다닥 돌아다닌다. 신부님을 찾아 성당 뒤쪽으로 갔다. 저만치 채전에 엎드려 계시는 노인의 뒷모습이 보인다. 신부님이시다. 지난날의 큰 키와 큰 음성은 이제 등이 굽은 노인으로 작아져 있다. 신부님은 온 얼굴에 햇살 같은 웃음을 지으시며 "데레사, 소피아." 하고 우리의 세례명을 잊지 않고 불러 주셨다.

돌아오는 길, 신부님은 "강을 따라 가거라." 하셨다. 강물을 따라가면 차가 다니는 큰길이 나온다는 말씀이었다.

　우리는 흘러가는 강물 소리를 들으며 걸어갔다. 강둑에 피어 있는 풀꽃의 이름도 불러 보고 건너편 언덕에 서 있는 미루나무의 숫자도 헤아려보며 강을 따라 갔다. 강물이 흘러가는 끝이 남해라느니 서해라느니 하며 실랑이를 벌이기도 하였다.

　건너편 강기슭에서 농부가 강물에 연장들을 씻고 있다. 호미, 괭이, 삽 등 그것들에 묻어 있는 흙을 씻어 낸 후 목에 두르고 있던 수건으로 물기를 닦아낸다. 그 동작이 얼마나 정성스러운지 마치 의식을 치르고 있는 것 같다. 우리도 농부의 흉내를 내며 강물 곁으로 가서 손과 발을 씻었다. 그리고 한 움큼 물을 쥐어 본다. 물은 간 곳이 없고 빈주먹만 남는다.

　"강을 따라 가거라." 하시던 신부님의 말씀이 다시 생각난다. 그리고 주일날 미사 때 마다 들려주시던 강론의 내용도 기억난다. 그때도 신부님은 순한 것, 선한 것들의 의미를 일깨워 주셨고 사람과 사람과의 관계, 자연과 사람과의 관계 등을 쉬운 말로 설명해 주셨다.

　물소리가 커진다. 가파른 계곡 사이를 지나온 물이 밑으로 떨어지는 소리이다. 작은 폭포 밑에 펑퍼짐한 바위가 물속에 잠겨 있다. 바위는 끊임없이 부딪쳐 오는 물을 온몸으로 받으며 가만히 있다. 강물 또한 방해물들을 비껴가며 낮은 곳으로 내려간다. 강으로 모여드는 온갖 것을 합류시키며 함께 간다. 강물과 바위의 관계는 서로 이질적인 존재이면서도 영원한 동반자이다. 마치 우리가 강물을 따라가고 강물이 우리를 따라오며 함께 가고 있는 그런 관계이다.

오늘 만나고 온 노老 신부님, 닭과 염소와 같은 짐승들과 또 잡초들과 함께 서 계시던 신부님, 그분이 지니고 있는 넉넉함과 겸손함, 그리고 빛남의 근원은 무엇일까. 그것이 바로 흘러가는 강물의 정신인가, 강을 따라가며 우리가 배워야 하는 강물의 마음인가.

산모퉁이를 돌자 저만치 차가 지나다니는 길이 보이고 강은 산허리를 돌아 모습을 감춘다. 물이 춤추며 흘러가는 강둑 위에는 흰 들찔레 덤불이 눈부시다. 마치 신부님의 흰 머리 같다. 흰 수염 같다.

드디어 강물과 우리의 관계는 끝이 났다. 강에서 묻혀온 물과 풀잎들을 털고 버스가 있는 곳으로 걸어갔다. 그리고 강을 따라오면서 보낸 오늘의 기억이, 또 강물의 정신이 오랫동안 나를 지배하기를 꿈꾸어 본다.

백마강, 깊고 푸른 물

　부여를 찾아왔다. 엄밀하게 말하면 부여에 있는 백마강을 찾아왔다는 것이 옳겠다. 한 번도 만난 적이 없었던 백마강과 부소산, 낙화암을 향해 마음을 설레며 왔다.
　"따뜻한 봄날에 동무들과, 백제의 옛 서울 찾아드니, 무심한 구름은 오락가락, 바람은 예대로 부는구나." 여학교 시절, 이 노래를 자주 불렀었다. 따뜻한 봄날에 동무들과 함께 가는 봄나들이, 아득한 날의 흔적들 위를 지나가는 무심한 구름과 바람, 이 노래를 흥얼거릴 때면 즐거움과 슬픔이 언제나 교차하였다.
　늦은 봄 날, 길을 떠났다. 변산반도를 거쳐 안면도와 만리포를 향해 갈 때, 또 돌아올 때, 부여에 있는 백마강을 만나는 것이 엄숙한 과제처럼 남아 있었다.

"반갑다. 부여 땅 산천초목, 모두가 회구의 느낌이라." "부소산 얼굴은 아름답고 우는 새소리 정겹도다." 이런 노래 구절을 생각하며 백마강으로 다가갔다. 강물은 푸르고 부소산 숲은 고요하였다. 오락가락 하는 구름 떼는 산정에 걸려 있고 고란사의 종소리는 들려오지 않았다.

강가에 사람들이 모여 있었다. 낙화암을 보기 위해 유람선을 기다리고 있는 것 같았다. 그들 속에 끼어들었다. 한 남자가 큰 소리로 말을 하고 있었다. 전라도 말씨였다. 백제가 멸망한 슬픈 이야기를 하고 있었다.

백제의 장수, 계백 장군이 마지막 군사로 결사대를 만들어 신라와 싸운 황산벌 전투 이야기, 계백 장군의 장렬한 죽음 이야기를 하였다. 의자왕이 사비성을 버리고 도망을 간 공주의 웅진성 이야기. 의자왕의 치욕적인 항복 이야기도 하였다. 사비성이 함락되었을 때 삼천 궁녀가 낙화암에서 백마강으로 몸을 던진 이야기를 할 때는 부르르 몸을 떠는 시늉을 하였다.

의자왕의 아버지 무왕과 신라의 선화 공주와의 아름다운 사랑 이야기도 하였다. 나는 '서동요'의 노랫말을 생각하며 그의 말을 들었다. 끝으로 남자는 신라는 경상도 땅에 있었고 백제는 전라도와 충청도 땅에 있었다고 하며 신라가 당나라와 연합하여 백제를 멸망시켰다고 두 번이나 말을 하였다. 경상도의 신라, 전라도의 백제, 이 말을 되풀이하는 그의 마음속에는 지역에 대한 어떤 감정이 도사리고 있는 것 같았다.

사람들이 유람선에 오르고 있다. 그러나 우리는 배를 타지 않았다. 처음의 우리의 계획은 유람선을 타고 백마강 위에서 낙화암도 보고 바위에 새겨놓은 우암 송시열의 글씨도 보고 숲에 가려진 고란사도 보고 물속에 잠긴 조룡대도 보려고 했다.

그리고 백마강 깊고 푸른 물에 몸을 맡기고 구암 나루터까지 유유히 흘러가 보고 싶었다. 흐르는 강물 위에서 백제의 한恨을 느껴보고 싶었다. 하지만 우리는 백마강을 바라보며 낮은 한숨을 쉬었을 뿐 가만히 있었다. 그 이유는 시끄러운 관광객들 사이에 끼어 낙화암을 바라보는 일을 하고 싶지 않았기 때문이다.

부소산 성城이 보인다. 사비성 이라고도 불리는 성 안에는 영일루, 사자루, 삼충사가 있다고 했다. 사비성 안에는 이런 것 뿐 아니고 백제 왕국의 영화의 흔적이며 마지막 날, 죽음으로 항거한 사람들의 흔적도 남아있을 것이다. 군사들의 말발굽 소리며 마침내 낙화암으로 달려가는 여인들의 안타까운 소요도 남아

있을 것이다. 백마강의 통곡 같은 물소리도 남아 있을 것이다.

사비성을 보고 있으니 문득 고향에 있는 진주성이 생각났다. 진주성과 사비성은 공통점이 많다. 임진왜란 때 침략자 일본 장수를 안고 남강의 의암義岩 바위에서 강물로 투신한 논개 이야기와 백마강 기슭에 솟아있는 낙화암에서 강물로 몸을 던진 삼천궁녀의 이야기는 같은 울분과 같은 아픔을 갖고 있다. 진주성을 감돌아 흐르는 남강과 사비성 절벽 밑을 흐르는 백마강은 지금도 아픈 역사를 기억하며 흘러가고 있다.

자동차 곁으로 갔다. 어떤 사람이 "대구에서 오셨소?" 하였다. 우리 차에 붙어있는 자동차 번호판을 보고 하는 말이었다. 그리고 "멀고 먼 경상도 땅에서 옛 백제의 부여를 일부러 찾아오다니, 우리도 옛 신라의 경주를 찾아갈 것이요." 하였다. 그 사람은 웃으며 말을 하였고 우리도 웃으며 경주로 가는 길을 가르쳐 주었다.

풀밭에 둘러앉은 사람들이 노래를 부르고 있다. 관광객들이 휴식 시간에 노래잔치를 하는 것 같았다. "고란사 정겨운 풍경소리" 이런 노래도 부르고 "백마강 달밤에 물새가 울어." 하는 노래도 부르고 "반월성 넘어 사자수 보니, 흐르는 푸른 물은 낙화암을 감도네." 이런 노래도 불렀다. 둘러앉은 사람들은 신나게 박수를 치는 대신 고개를 돌려 백마강을 바라보며 노래를 듣기도 하고 또 따라 부르기도 하였다. 이들 노래에는 깊은 애환이 배여 있었다.

사비성을 향해 올라갔다. 해는 아직 하늘에 떠 있고 우리는 해가 지는 시간까지 성 안에 머물며 비극의 땅을 거닐어 볼 것이다.

백화정에 올라가 낙화암과 백마강을 내려다보며 삼천궁녀의 마음도 되어 보고 백마강의 마음도 되어 볼 것이다. 그리고 낙화암을 향해 노래 한 구절도 부를 것이다. "백마강 푸른 물 흐르는 곳, 낙화암 절벽이 솟았는데 꽃처럼 떨어진" 이런 노래를 조가弔歌를 부르듯이 나도 한 번 불러보고 싶다.

오, 낙동강

낙동강을 건넜다. 강을 중심으로 형성된 넓은 들을 본다. 익어가는 곡식이며 강물의 푸른 물살 등 넉넉하고 유유하다.

어느새 가을, 나는 해마다 이맘때쯤이면 낙동강 너머에 있는 시골 장터를 찾아간다. 이 일을 연중행사처럼 하고 있다. 오일장이 서는 장터에서 햅쌀도 사고 참깨도 산다. 토종의 햇밤이며 도라지며 토란 줄기도 산다. 개량되고 변형된 새 품종들 때문에 밀려나고 있는 우리의 토종들을 보따리 가득 담아 돌아온다.

늦가을의 장터 나들이를 내가 즐기는 것은 겨울 채비를 한다는 이유보다도 장터의 떠들썩한 활기를 더 탐을 내는 것이 아닐까. 이 땅에 남아 있는 우리의 토종들을 바라보기 위함이 아니었을까.

가야산 가까이 있는 장터에 가기 위해서는 낙동강을 건너야 한다. 나는 언제나 강바람을 마셔대며 흥겨운 기분으로 강을 건넜다. 그런데 오늘은 왠지 신이 나지 않는다. 그 이유가 무엇일까. 어떤 철물점에서 듣게 된 말 때문일까.

한쪽 다리가 불편해 보이는 철물점 노인이 내가 요구하는 괭이를 건네주며 농사를 지을 것이냐고 물었다. 마당 귀퉁이에 작은 밭을 일구어 농사짓는 일을 한 번 해보고 싶다고 했더니 그는 대뜸 "농사는 참 보람있고 좋은 것이요." 했다.

그 말을 옆에서 듣고 있던 안노인이 남편은 시도 때도 없이 농사타령을 하지만 상한 몸 때문에 불가능하다고 하며 안타까운 표정을 지으며 남편을 바라보았다.

"낙동강 전투에서 한쪽 다리를 잃었지요. 잃은 것이 어찌 그것뿐이겠소. 모든 것을 다 잃었지요. 삶의 희망도, 앞날의 꿈도 잃었지요." 노인은 이런 말을 하다가 치밀어 오르는 울분을 삭이는 듯 입을 다물어 버린다. 그의 한쪽 다리가 위태롭게 흔들리고 있었다.

오늘 문득, 바람 부는 낙동강 가에서 그 노인의 말이 생각남은 어인 일일까. 전쟁 때문에 잃어버린 모든 것, 그 속에는 목숨, 건강, 인연의 상실, 삶의 포부와 계획 등이 포함되어 있다. 전쟁의 흔적은 이제 낙동강 어디에도 남아있지 않는데, 전쟁의 상처를 일생 동안 짊어지고 있는 사람들의 고통이 우리를 슬프게 한다.

내가 낙동강을 처음 건넌 것은 여고 졸업반 때, 수학여행 길에서였다. 경주를 거쳐 해인사로 가는 길목에서 낙동강을 건넜다. 전쟁으로 파괴된 교량이 아직 복구가 되지 않아 큰 도강선을 타고 강을 횡단해 갔었다. 그때 낙동강을 바라보며 불렀던 노래가 생각난다.

"보아라, 신라 가야, 빛나는 역사, 흐른 듯 담겨있는 기나긴 강물, 잊지 마라, 예서 자란 사나이들아, 이 강물 네 혈관에 피가 된 줄을, 오, 낙동강, 오, 낙동강, 끊임없이 흐르는 전통의 낙동강."

우리는 이 노래를 소리쳐 불러대며 넓은 강을 건너갔다. 마지막 후렴을 부를 때는 목이 조금 메었다. 전쟁 때문에 피폐해진 우리의 강토, 조국의 환난을 알고 있던 그때의 학생들은 굽이치며 흘러가는 강물만 보아도, 혼자 우뚝하게 서있는 소나무의 푸른 기상만 보아도 가슴이 저려왔다. 그리고 이 땅을 지키고 있는 모든 존재들에게 한없는 연민을 느꼈다.

　그 존재 속에는 낙동강 칠백 리의 도도한 물줄기도 포함되어 있었다. "낙동강 칠백 리, 달은 밝은데, 이 내 두고 가시는 길이 어이 밝으랴." 나는 지금도 이 노래를 흥얼거릴 때면 낙동강 푸른 물살이 떠오르고 나의 마음은 달도 되고 별도 되어 낙동강 칠백 리를 꿈결처럼 따라간다.

　문득 오늘이 음력 열닷새임이 생각난다. 밤이면 보름달이 낙동강 위로 솟아오를 것이다. 달빛에 취한 강물, 달을 담고 흘러가는 강물, 갑자기 달밤의 낙동강이 보고 싶었다. 소슬한 낙동강의 야경에 젖어보고 싶었다. '달이 뜰 때까지 낙동강 곁에 있자.' 곧 이런 결심을 하였다.

　달이 떠오르는 시간까지 무엇을 할까. 가야 고분군을 다시 찾아갈까. 산비탈에 있는 이름 없는 석탑을 보러갈까. 그러나 오늘은 그러고 싶지 않다. 장터에서 모든 시간을 보내고 싶다.

　장터의 입구에서부터 끄트머리까지 한가하게 어슬렁거리며 기웃거리기도 하고 다리가 아프면 장사꾼 곁에 앉아 지나가는 사람들을 바라보기도 하며 나도 장돌뱅이가 된 기분에 한번 빠져 보리라. 한가한 기웃거림, 한가한 어슬렁거림, 한가하게 바라봄, 이 행위는 나를 얼마나 여유롭게 할 것인가.

목판 앞에 앉아 도토리묵 한 접시를 양념장에 찍어 먹으며 "진짜 꿀밤 묵이네." 하며 묵 장사에게 덕담도 하고 마른 고사리와 산더덕 몇 뿌리를 앞에 놓고 하염없이 앉아있는 산골 노파의 푸념을 들으며 맞장구도 치고 마침내 파장, 파장 떨이를 하는 장사꾼의 목쉰 소리를 들으며 나는 떨이 물건도 살 것이다.

끝으로 국밥집으로 가서 뜨뜻한 국밥 한 그릇 사먹으며 저녁 한 끼를 때울 것이다. 그리고 낙동강을 향해 길을 갈 것이다. 해가 지면 바람은 소요를 일으키며 낙동강으로 몰려들고 둥근 달은 마침내 둥실 떠오르리라. 그때 나는 달과 강물 곁에서 무엇을 할까. 낙동강 칠백 리 노래를 부르며 달빛 따라 밤길을 걸어갔던 젊은 날을 돌아볼까. 아니면 달빛 아래 드러난 낙동강 줄기, 그 마디마디에 얽혀 있을 삶의 애환들을 생각할까. 또 아니면 달빛 아래 너울너울 춤을 추고 있는 수숫대처럼 나도 몸 한번 흔들어 볼까.

이런 생각을 하며 장터를 향해 달려갔다. 차창 밖으로 산과 강이 지나간다. 낙동강 물살보다 더 빨리 달아난다. 낙동강이 겪은 수난을 기억하고 있는 산천은 말이 없고 푸른 모자를 머리 위에 쓴 농부들이 강가에서 일을 하고 있다. 땅에서 일어섰다 앉았다 하며 늦가을 추수를 하고 있다.

강물놀이 봄놀이

걸어가시는 아버지의 뒷모습이 쓸쓸해 보인다. 모든 짐들을 우리에게 맡기시고 빈손만 흔들고 가신다. 지금 우리는 아버지와 함께 물놀이를 하러 강에 와 있다.

'아버지를 모시고 강으로 물놀이를 가자.' 하는 마음을 초봄부터 갖고 있었다. 아버지는 지금 중병에 걸려있다. "기다려 봅시다." 하는 의사의 말을 듣고 처음에는 기적을 바라듯 기다려 왔으나 그 기다림이 얼마나 큰 두려움과의 만남인 것을 알고 모두 가슴을 졸이고 있다.

오늘 아버지는 참 멋스럽다. 색안경이며 등산모자며 모자에는 나뭇잎 몇 개도 꽂혀 있다. 물놀이를 하러온 이 장소는 부모님께서 젊은 시절을 보냈던 곳으로 멀리 지리산 봉우리와 섬진강 줄기가 보인다. 어머니를 앞세우신 지 삼십 년, 이제 병든 몸을 옷 속에 감추신 채 옛 강을 찾아오셨다.

걸음을 멈추신 아버지가 이곳은 지난 날, 엄마와 함께 자주 왔던 곳이다 하시며 어머니의 이야기를 꺼내시었다. 그리고 이내 입을 다무셨다. 어린 시절, 온가족이 꽃놀이 물놀이를 했던 기억이 난다. 봄이면 산에서 진달래를 가슴마다 안고 돌아와 화전이니 진달래 술이니 하며 집안에 꽃이파리들이 흩어지던 생각이 난다. 그때 아버지의 젊은 힘과 진달래꽃 빛깔로 향기로웠던 어머니는 바로 인생의 봄놀이를 했던 때가 아니었을까.

물놀이의 기억도 있다. 여름날 온 가족이 강으로 가면 청수에 거꾸로 비친 우리의 모습은 흐르는 물살에 따라 언제나 움직이고 있었다. 바지를 둥둥 걷어올린 아버지의 발은 참 커 보였고 나를 안고 강을 건너시던 아버지의 몸에선 언제나 담배 냄새가 났었다. 그날, 어린 우리가 보기에도 아버지와 어머니의 모습은 봄날의 빛처럼 화사하고 강물의 빛처럼 신선해 보였다.

음식을 펼치고 둘러앉았다. 아버지는 입맛이 없다 하시며 준비해 간 고기며 술잔을 들었다 놓았다 하실 뿐 반 그릇의 밥도

비우지 못하신다. 입맛이며 술맛 같은 인생의 낙이 하나씩 아버지의 몸 밖으로 빠져나가고 있는 느낌이 들었다. 아버지는 음식 한 점 들고 흐르는 강물을 보시고 술 한 모금 마시고 강 건너 산을 바라보셨다.

식사가 끝났다. 그릇을 치우고 있던 우리는 문득 아버지의 자리가 비어있음을 알았다. 가슴이 철렁 내려앉는다. 어디로 가셨을까. 산과 들, 강을 둘러본다. 어느새 아버지는 강 건너에 가 계셨다. 우리가 음식을 먹어대느라고 분주하던 사이, 자식들에 대한 이야기로 웃고 떠들고 있던 사이, 아버지는 혼자 강을 건너가셨다.

강둑에 앉아 강물을 내려다보고 계신다. 물속에는 아버지의 모습이 비치어 있을 것이다. 병고로 쇠약해진 당신의 모습을 내려다보고 계심이 분명하다. 문득 아버지는 자신의 병명을 이미 알고 계신다는 깨우침이 들었다. 우리가 감추고 있음을 먼저 알아채시고 자식들 앞에서 속아주는 시늉을 하고 계심이 틀림이 없다.

차라리 소나무 청청한 숲으로 바람놀이나 갈 것을, 어떤 바람에도 그 빛이 변하지 않는 솔밭으로 갈 것을 뉘우쳐진다. 병든 아버지 곁에서 떨어지고 있는 낙화를 보는 것도, 물속에 어른거리는 아버지의 병든 모습을 스스로 보시게 하는 것도 가슴 아프다. 더욱 안타까운 것은 세상 밖으로 구름처럼 떠나고 계시는 아버지를 붙들 그 어떤 방법도 알지 못하는 우리의 무력한 모습들이다. 온몸의 힘이 빠진다. 길섶에 주저앉았다. 이제 아버지 앞에서 보여드린 헛웃음과 헛기쁨 같은 것을 연출하기엔 자신이 없다.

색안경이며 등산모자 같은 것으로 고통과 절망을 위장하고 계시는 아버지, 어머니와 함께 인생의 봄놀이를 하던 땅으로 마침내 찾아오신 아버지, 꽃놀이, 강물놀이 다음 저 세상에서 어머니와 누릴 새로운 놀이의 이름은 무엇일까.

이윽고 아버지께서 "집으로 돌아가자." 하며 우리를 부르신다. 아버지의 소리가 강과 들을 지나 산속으로 숨어버린다. 숲에서 나온 산새 한 마리가 강의 횡단을 시도한다. 강을 건너간 새는 아버지 머리 위를 스치듯 지나 먼 하늘로 가물가물 사라진다.

강 이쪽에 서 있는 우리는 강 건너에 계시는 아버지에게 손을 흔들었다. 깃발처럼 손을 흔들어 대었다. 아버지도 우리에게 손을 흔들었다. 나는 솟구쳐 오르는 눈물이 가라앉을 때까지 강 이쪽에 오래 서 있었다.

형산강을 따라가다

　강을 따라갔다. 강의 끝에 바다가 있다고 하였다. 처음 만나는 강이었고 처음 만나는 바다이다. 바다가 가까워질수록 강폭은 넓고 물은 깊었다. 강둑에는 갈대가 무리지어 있었다. 옆자리에 앉아 있는 노인에게 차창 밖으로 보이는 강의 이름을 물었다. 그리고 내가 찾아가는 여학교의 위치도. 노인은 "새로 부임하는 선생님이네. 꽃 같은 시절이다." 하였다 그때 듣게 된 강의 이름이 형산강이었다. 그렇다. 꽃 같은 이십 대 초반에 나는 포항의 여학교에서 미술교사의 첫발을 내딛었다.
　학교에 부임하던 날을 잊을 수 없다. 긴 둑길을 걸어 학교로 갔다. 문득 교문 앞에서 걸음을 멈추었다. 학도병 전몰 기념의 나무 표지가 서 있었다. 소문으로만 들었던 학도병의 치열한 전투, 그 지역이 여기였던가. 나는 제자들과 만나기 전 학도병들의 슬픈 흔적과 먼저 만났다.

타관에서의 외로움을 강과 바다가 위로해 주었다. 학생들은 "선생님, 선생님." 하고 내게 달려왔고 나는 학생들과 함께 자주 강에도 가고 바다에도 갔었다. 강의 그림과 바다의 그림을 많이 그렸다.

어느 가을, 형산강 둑에 앉아 갈대의 전설을 들려주었다. 어쩌자고 감수성이 예민한 여학생들에게 애절한 사랑 이야기를 해주었을까. 청춘남녀가 강둑을 거닐며 사랑을 하였다. 하지만 남자가 배신을 하고 말았다. 상처받은 처녀는 갈색 머리를 나부끼며 강둑을 밤낮으로 배회하였다. 그리고 죽었다.

처녀의 머리카락이 떨어진 곳마다 솟아나온 것이 갈대라고 했다. 이야기를 듣고 있던 학생들은 바람에 흔들리고 있는 갈대를 처녀의 헝클어진 머리카락 같다고 하였고 또 어떤 학생은 그런 슬픈 사랑을 해보고 싶다고 하였다. 나는 가슴 아픈 사랑 대신 영원불변하는 사랑을 해보고 싶었다.

그때 보았던 형산강의 모습, 그때 들었던 바다의 소리, 그때 만났던 나의 첫 제자들, 그리고 한흑구 선생님, 죽도 성당의 프랑스 신부님이 기억난다. 한흑구 선생님의 부인인 방정분 선생님은 나와 같은 학교에 근무하셨고 음악을 가르치고 계셨다. 집으로 자주 놀러갔다. 흙으로 지은 집은 따뜻해 보였고 방마다 책이 가득하였다.

한흑구 선생님은 고향의 평양 사투리를 그대로 사용하시며 부인을 부를 때는 "덩(정)분이." 하셨고 나에게는 "덩(정)선생." 하고 부르셨다. 김장을 할 때 거들어 드리려 간 적이 있다. "무우만 댕강댕강 잘라버리지 말고 여기 오라우." 하시며 우리를 자꾸 방으로 불러들였다. 그때 들었던 문학 이야기가 오래도록 기억에 남아 있었다. 첫 수필집 『대숲에는 바람소리가』를 보내드렸다. 과분한 답서를 주셨고 친필로 쓰신 편지를 소중하게 간직하고 있다.

지금도 때때로 포항에 간다. 첫사랑을 찾아가듯이 설레며 간다. 이제 형산강 둑도 새로 단장되고 갈대의 무리도 보이지 않는다. 하지만 나는 기억하고 있다. 젊은 시절에 만났던 형산강의 물빛을, 서걱거리며 쓸쓸한 소리를 내고 있던 갈대의 몸짓을, 밤이면 들려오던 밤바다의 파도 소리를 기억하고 있다. 무엇보다도 잊을 수 없는 것은 학교 입구에 있던 학도병 전몰의 나무 표지이다.

'故 김춘식 외 학도병 오십 명 전몰 기념' 글자조차 희미한 표지, 전투 속에서 어느 지휘관이 울면서 황급하게 세웠을 나무 표지, 아침저녁 학교에 드나들 때마다 만났던 그 흔적은 마음을 아프게 했고 나는 미술 시간이면 자주 학생들을 데리고 그곳에서 야외수업을 하였다. 학도병의 흔적을 그림 그리게 하였다. 그리고 위급한 나라를 구하기 위해 펜 대신 총을 잡은 학도병의 정신을 이야기 해주었다.

육이오 전쟁이 끝난 후, 중학교의 국어교과서에 실려 있던 모윤숙 시인의 「국군은 죽어서 말한다」라는 시詩를 읽어주기도 하였다. 그리고 나는 글을 썼다. 학도병이 전몰한 땅에서 솟아오른 꽃을 볼 때도, 바람 부는 날, 옆에 있는 수양버들이 온몸을 흔들며 몸부림치고 있을 때도, 또 밤하늘의 별을 보며 학도병 전몰 표지 옆을 지나 올 때도 '전쟁터에서 산화散花한 젊은 학도병들의 영혼은 꽃이 되었을까. 바람이 되었을까. 별이 되었을까.' 하며 글을 썼다.

이제는 수도산 위에 학도병을 기리는 충혼탑이 웅장하게 세워져 있고 내가 근무했던 여학교의 모습이며 학교로 가는 길도 변하였다. 한흑구 선생님 부부도, 죽도 성당의 프랑스 신부님도 세상에 계시지 않는다. 제자들의 행방도 알 수 없다. 그러나 잊을 수 없다.

미술반에서 열심히 그림을 그리던 학생들의 모습을. 그들은 지금, 화가도 되어 있고 정치인의 부인도 되어 있고 가르멜 회의 수녀도 되어 있다. 아름답게 신앙생활을 하고 있는 사람도 있다. 이들의 모습도 변하여 있을 것이다. 하지만 재잘거리며 학교를 향해 걸어가던 학생들의 소리며 내가 따라갔던 형산강의 모습은 아직도 가슴속에 살아있다.

나의 꽃다운 시절에 만났던 학도병들의 꽃다운 죽음도 가슴속에 남아 있다.

흐르는 강물처럼

강물을 만지다 | 강 건너 나무 | 동강과 노인
내 마음 어딘 듯 한편에 | 강둑에서 풀과 함께
흐르는 강물처럼 | 강에서 온 길손

강물을 만지다

 강에 닿았다. 강둑에서 강까지의 거리는 200미터 정도, 빠르게 강을 향해 걸어갔다. 둑 너머에서 불고 있던 바람도 함께 강으로 갔다. 나를 따라온 바람이 물살을 일으킨다. 이곳은 남강 하류, 강 건너 월아산도 보이고 촌락도 보인다.
 강물 곁에 앉았다. 강에게 손을 내밀었다. 손끝에 물이 닿고, 마침내 나는 강과 손을 잡았다. 물을 만져 본다. 부드럽고 서늘하다. 명주 수건 한 끝을 손에 쥔 것 같기도 하고 매화 꽃 한 판을 어루만진 것 같기도 하다. 손을 들어 올린다. 물은 없고 빈주먹만 남는다. 다시 강에게 손을 내밀고 물을 만지고, 물은 또 빠져나가고, 이 일을 일곱 번이나 되풀이하였다. 아이가 놀이를 하듯이 하였다. 나는 왜 이 짓을 하고 싶어 했을까.

　어린 시절, 강가에서 살았다. 남강 둑 밑에 집이 있었다. 강은 물소리를 내지 않는 대신 언제나 바람을 거느리고 있었다. 강 건너 대숲에서 불고 있던 바람의 소요, 바람이 강을 건너오면 모래사장에 회오리가 일었다.

　강둑을 덮고 있던 시퍼런 풀들도 몸을 흔들어대었다. 나의 머리카락도 바람에 풀썩거렸다. 먼 곳에서 물이 오고 또 흘러가고, 강변의 작은 바위와 나풀거리던 풀꽃들, 강가에서 올려다본 낮달과 강기슭에 매어 있는 빈 배의 흔들림, 나는 그때 이런 것들에게 한없이 반해 있었다. "강물 귀신이 붙었나, 눈만 뜨면 강에서 논다." 어른들은 이런 말을 자주 하시었다.

　남강을 떠났다. 사십 년 동안 강을 잊고 살았다. 삶의 계획, 삶의 성취, 삶의 자신만만함, 바쁘고 분주하였다. 옛 기억에 매달릴 시간도, 또 그것들을 만나러 갈 한가함도 없었다. 새로 맺은 인연들이 꽃무리처럼 나를 둘러싸고 있었다.

　지난여름, 열흘 간 병원에 입원을 하였다. 수술실에 들어갈 때, 여러 얼굴이 눈앞을 스쳤다. 남편과 자식들의 얼굴이었다. 혈육들의 환영은 회한의 끈을 풀었다 당겼다 하며 수술실까지 따라 왔다. 그리고 깊이를 알 수 없는 잠에 빠져 들었다. 다시 잠에서 깨어나고, 그때 돌아오는 의식 속에 희미한 형체들이 스치고 지나갔다. 차츰 선명해졌다. 그것은 나의 집도, 가족의 얼굴도 아니었다. 세상에서 얽히고설킨 사건들은 더욱 아니었다.

산과 들과 강이었다. 유년의 들과 강 같았다. 이불 한 자락이 몸에 감기는 것처럼 따뜻한 느낌이 몰려왔다. 죽음에 대한 공포, 수명에 대한 갈망으로 떨고 있는 시간에 어린 날의 기억들이 왜 비집고 들어왔을까.

강가에 서 있는 아이가 나타나고 물소리, 바람소리도 들렸던 것 같다. 빼빼하게 야윈 소녀와 강물과 바람, 문득 깨닫는다. 마르고 볼품없는 아이가 바로 나였던 것을, 그때 내 주위에는 언제나 강물과 바람이 둘러싸고 있었던 것을, 마침내 깨우침을 받았다. 병실에 사람들이 다녀갔다. 그들은 우리가 감당하고 있는 삶의 환희와 고통을 이야기하였다.

혼자 병실에 남겨졌다. 도시의 밤이 보였다. 불을 밝힌 집을 향해 달려가는 자동차의 불빛들, 하지만 그 빛들은 나와는 아무 관계가 없는 것 같았다. 깊은 병고 속에 혼자만 버려진 것 같았다. 외로움과 두려움이 밀려왔다. 절대적인 고독감과 절망이었다. 이런 기분을 떨쳐 버리기 위해 창문의 커튼을 닫기도 하고 병실의 흰 벽에 기대어 눈을 감아 보기도 하였다. 지난날의 즐거웠던 기억들도 생각하였다. 이십 대의 열정과 용기, 삼십 대의 성취, 사십 대의 풍요로움을 떠올렸다. 그리고 오십 대의 바람과 같은 자유로움도. 그러나 삶의 마디마디에 끼어있던 아픔이 더 많이 솟아올랐다.

어린 시절로 다시 거슬러 갔다. 수술 후, 잠에서 깨어나던 시간에 스치고 지나간 강과 들을 찾아내었다. 옛집과 강으로 가는 길과 강물의 흐름 등이 차례로 나타난다. 강가에서 맞이하던 봄날, 그 나른한 느낌이며 봄의 아지랑이 속에 발목을 파묻던 게으른 날의 기억도 생각난다. 갑자기 눈물겨운 환희가 나를 둘러싼다.

아, 그것들이 나의 완벽한 행복의 원인이었을까. 아무리 세월이 흘러도 그때의 인식은 절대로 마멸되지 않고 기억 속에 깊이 내재되어 있었던 것일까. 깊은 잠에서 깨어나던 혼미의 시간에, 혼자 떨고 있는 두려움의 순간에, 그것들은 돛단배처럼 달려와 나를 위로하고 있는 것일까. 나의 절망과 어둠을 쳐부수고 있는 것일까.

어떤 결심을 하였다. 삶의 아픔과 모순을 몰랐던 시절에 누렸던 기쁨을 찾아가 보자. 흐르는 강물을 따라 뜀박질을 하던 순수한 날들의 흔적 속으로 한 번 들어가 보자. 이런 생각을 하였다.

나는 그 일을 하고 있다. 산과 들을 거쳐 남강까지 왔다. 오후의 햇살을 받은 강물이 발밑에 있다. 가을날의 오후는 짧다. 짧음의 의미를 희석시키듯 강물의 유유함을 오래 바라본다. 그리고 강물을 만진다. 물의 감촉이 온몸에 퍼진다. 손으로 물을 움켜쥔다. 주먹 안에 갇혀있던 물이 순식간에 빠져나간다. 새 물이 오고 물을 붙잡고 또 달아나고. 지금 강물과 나는 달아나고 붙들고 하는 싸움을 하고 있는 것이 아니고 서로 희롱을 하고 있다. 철없던 날의 그때처럼.

나는 지금, 오후의 남강 가에서 다시 낮달도 보고 강의 우수도 보고 강물 귀신이 붙었다고 하시던 할머니의 목소리도 듣는다. 내가 강으로 던진 돌이 강물 속으로 영원히 몸을 감추며 질러대던 소리도 생각한다. 손끝에서 풀려난 명주 수건이 강물 따라 남실남실 가버린 젊은 날의 비애도 떠올린다.

어둠이 오고 있다. 나는 다시 한번 위로를 받고 싶어 야윈 손을 남강 물 깊숙이 넣었다.

강 건너 나무

'강을 건넜다. 강물에 발을 적시며 강을 건너갔다. 내가 강을 건너간 것은 건너편 강둑에 서 있는 나무들을 만나기 위해서이다.' 이란 글귀가 쓰인 종이를 묶은 원고 속에서 우연히 찾아내었다. 오래 전에 쓰다가 그만둔 것인 듯 종이가 누렇게 변하여 있다.

그때 내가 찾아간 강의 모습도 또 내가 만났던 나무의 이름도 생각이 나지 않는다. 언제쯤 이 글을 썼는지 왜 쓰다가 그만두었는지 알 수가 없다. 그 글귀를 요사이 읽고 있는 책 속에 끼워 두었다.

며칠이 지난 어느 저녁, 책을 읽다가 다시 그 글을 보게 되었다. 글의 내용처럼 내가 강을 찾아간 것도 강을 건너가서 나무를 만난 것도 모두 사실일 것이다. 지난 날, 흘러가는 강물이며 강둑에 있는 나무가 바람에 흔들리는 모습을 바라보기를 좋아하였다. 그리고 물속에 서서 나의 벗은 발을 휘감고 지나가는 물살의 움직임을 흥미롭게 내려다보곤 하였다.

　강을 건너가서 만난 나무가 무슨 나무였을까. 나무들이라고 했으니 한 그루의 나무가 아닌 듯하다. 발에 물을 적셔도 될 계절이면 늦은 봄날이나 여름이었던 것 같다. 물을 무서워하는 내가 강물에 선뜻 들어선 것을 보면 깊은 강이 아니었을 것이다. 그날 밤은 이런 생각을 하면서 잠이 들었다. 어쩌면 꿈속에서 그 강과 나무를 찾아 헤매고 다녔는지도 모르겠다.

　어떤 시인이 책과 편지를 보내 주었다. 편지 속에는 나의 글을 읽은 소감이 적혀 있었다. 책 속에서 정신을 만날 수 있었다고 했다. 정신까지 읽었다고 하는 글을 받고 보니 두려운 마음이 들었다. 글 속에 내재內在되어 있는 나의 정신이 무엇일까 스스로 물어보았다. 흔히 정신이라고 하면 꿋꿋한 정신, 정의로운 정신 등 우리가 세상을 살아가는데 필요한 인격적인 덕목을 말한다. 나의 삶은 이런 정신과는 거리가 멀다.

　시인이 보내준 시집을 펼쳤다. 나무에 관한 시가 많이 실려 있었다. 시를 읽으며 그분의 정신을 언뜻언뜻 느꼈었다. 겸손한 나무의 정신 같은 것이었다. 시인이 나의 수필 속에서 만났다는 정신도 이런 것이었으면 하는 마음이 들었다. 여러 편의 글 중에서 「백양나무 숲에서」라는 시를 읽을 때였다. 갑자기 내가 강을 건너가서 만났던 나무가 떠오르고 그 나무들이 백양나무였던 것 같은 생각이 났다.

남편이 유학을 떠나 곁에 없던 시절, 산골 학교에서 미술선생을 했던 때가 있었다. 마을 앞으로 강이 흘러갔고 강가에 서면 강 건너 먼 산과 무리 지어 있는 나무들이 보였다. 처음에는 나무들이 포플러나무인 줄만 알았다. 그런데 누군가가 "백양나무이다."라고 말해 주었다. 백양나무의 슬픈 전설을 알고 있던 나는 흰 명주 수건을 몸에 감고 있는 것 같은 나무의 순결한 모습에 호기심이 일어났고 어느 날 백양나무를 만나러 강을 건너갔었다. 나무를 만나고 온 그날 밤, 이 글을 썼을 것이다. 먼 서양에 있는 남편에게 편지를 쓰듯이 글을 썼을 것이다.

그때 나는 무슨 생각을 하며 강을 건너갔을까. 어쩌면 나무를 만나러 강을 건너가듯이 그리운 사람도 그렇게 강을 건너가서 만날 수 있다면 얼마나 좋을까 하는 생각을 하고 있었던 것이 아닐까.

강 건너 나무 51

지금도 강, 들판, 나무에 관한 글을 쓰기를 좋아한다. 어디로 인가를 향해 가고 있는 강물이며 들판을 휘덮고 있는 시퍼런 풀들이며 제멋대로 움직이고 있는 나무를 보면 한없는 자유로움을 느낀다. 봄날의 환희에 찬 나무, 여름날의 도도한 나무, 가을의 겸손한 나무, 특히 벗은 몸으로 추위와 맞서고 있는 겨울나무의 오기는 눈물겹다.

며칠 후, 또 나무를 만나러 집을 나설 것이다. 지난 가을, 섬진강 가에 서 있는 아름다운 느티나무 한 그루를 만났었다. 나무는 사방팔방으로 가지를 뻗어가며 아무 부대낌이 없는 자유로운 삶을 누리고 있었다. 지리산을 향해 손짓을 하고 있는 듯 너울너울 몸을 흔들고 있었다.

겨울에 굳이 그 나무를 만나러 가고 싶은 것은 봄, 여름, 가을을 순서대로 살아온 느티나무가 겨울 한천과 맞서고 있는 모양새를, 뼈와 뼈만 남아있는 비어있는 나무의 모습을 한번 보고 싶기 때문이다.

그날 집으로 돌아와서 글 한 편을 또 쓸지 모르겠다. 젊은 시절, 강 건너 나무를 찾아갔던 그런 열정과 그리움 대신 모든 것을 다 내어 주고 빈 몸 그대로 서 있는 겨울나무의 정신을 글로 표현해 보고 싶다.

동강과 노인

　동강을 찾아가는 길은 멀고도 멀었다. 아침 일찍 집을 나섰다. 문을 잠그면서 "첫 길이라 언제 돌아올지 모르겠다." 이런 말을 텅 빈 집에게 하였다. 우리는 문경, 충주, 제천을 거쳐 동강으로 가는 길을 택하였다. 박달재를 넘을 때는 '울고 넘는 박달재' 유행가 한 구절을 불렀고 박달재 위에서 도토리묵 한 접시도 사 먹었다. 우리는 그렇게 신이 났고 동강으로 가는 길목에 있는 모든 것이 신비하고 정겨웠다.
　오래 전부터 동강에 대한 이야기를 들었다. 동강의 맑고 깊은 물, 강가의 자갈밭에서 올려다 본 밤하늘의 별, 동강에서만 살고 있는 귀한 물고기며 풀 이야기를 들었다. 동강 할미꽃 이야기도 들었다. 젊은이들이 조각배에 몸을 맡기고 거친 물살을 따라 흘러가는 이야기도 들었다.

드디어 강이 보였다. 밭에서 일을 하고 있는 농부에게 강의 이름을 물었다. 서강이라고 했다. 그때 나는 처음으로 서강의 존재와 서강과 동강이 만나 남한강을 이룬다는 것을 알았다. 농부는 동강은 아직 멀었다고 하며 가는 길에 있는 청령포와 장릉을 먼저 보라고 했다. 청령포, 장릉의 아픈 이야기가 우리의 들 뜬 마음을 가라앉혀 주었다. 배를 타고 강을 건너 청령포에 닿았고 단종의 한이 서린 육백년 된 관음송을 슬픈 눈으로 바라보았고 장릉 앞에서 고개를 숙일 때는 분노가 밀려왔다.

다시 동강을 향해 갔다. 이미 오후, 강을 따라 깊숙이 들어갔다. 굽이굽이 흐르는 물, 강 건너 산, 봄꽃을 피우고 있는 나무들, 아름답고 신선하였다. 산모퉁이를 돌았다. 바위들이 나타났다, 어떤 바위는 물속에 잠겨있고 어떤 바위는 휘감아 흐르는 물길을 안내하는 듯 물속에 우뚝 솟아 있다. 강물과 바위들은 서로를 지탱해 주며 동강의 맥을 형성하고 있었다.

어라언도 지나고 소문으로만 들었던 동강의 끝, 문산 나루터를 향해 갔다. 가는 길을 물어보기 위해 사람을 찾았다. 강물에 붙어있는 바위 위에 노인이 앉아있다. 노인은 강원도 말을 우리는 경상도 말을 하며 대화를 나누었다. 동강에 대한 그리움, 동강에 대한 소문을 우리는 말하였고 노인은 동강과의 관계를 이야기 하였다.

동강 곁에서 태어나고 동강 곁에서 성장하고 동강 곁에 살아오고 지금은 동강 곁에서 늙어간다고 말했다. 그는 또 강에서 고기를 낚는 어부도 되고 강 곁에서 농사를 짓는 농부도 되며 한평생을 살아왔다고 하였다. 나는 동강의 지킴이처럼 살고 있는 노인을 경이로운 눈으로 바라보았다. 동강에 반쯤 몸이 담긴 바위와 같다는 생각이 들었다. 동강의 물속에 뿌리를 내린 나무와도 같다는 생각이 들었다.

노인에게 문산 나루터로 가는 길을 물었다. 그는 대답대신 고개를 들어 하늘의 해를 보았다. 해는 이미 산 능선에 닿아있다. 하늘의 해와 우리의 행색을 번갈아 보던 노인은 문산 나루터에 닿기 전에 해가 질 것이라고 하며 돌아 나올 시간이 없을 것이라고 하였다. 그리고 강의 어두움을 이야기 하였다. 그렇다. 노인은 우리가 나루터에서 강 건너편을 바라보기만 하고 떠나 올 것을, 돌아 나오는 시간과 강의 어둠을 감당할 힘이 우리에게 없음을 알고 있었다.

다글다글 소리를 내는 자갈을 밟으며 강물에게 다가갔다. 쭈그리고 앉아 강물에 손을 담구었다. 봄날의 꽃잎처럼 부드러웠다. 오른 쪽, 왼 쪽 두 손을 번갈아가며 강물을 움켜쥐었다. 물은 이내 마르지 않고 나의 손에 남아 있었다. 강 건너 산을 본다. 길손의 마음을 흔들어대는 쓸쓸한 모습이었다.

동강을 찾아 집을 나설 때의 신명은 사라지고 지금은 마음이 아프다. 그 아픔 안에는 청령포, 장능 등 단종의 안타깝고 억울한 삶도 들어 있고 근처의 어느 산자락에 묻혀있다는 김삿갓 시인의 한(恨)도 들어있다. 그리고 한 생애를 동강에 매여 살고 있는 이름 모를 노인의 외로운 삶도 포함되어 있다

노인이 말하였다. "어서 돌아가시오. 날이 어둡기 전에" 덧붙여서 "노부부가 함께 다니는 것이 참 보기 좋소." 하였다. 노(老)부부라는 말에 가슴이 뜨끔하였다. 그때 우리의 나이는 육십 대 후반, 우리는 동강 곁에서 최초로 노인의 판정을 받았다

동강을 떠났다. 노인은 여전히 동강 곁에 남아 있었고 우리는 하룻밤의 휴식처를 구하기 위해 영월을 향해 갔다. 우리 뒤를 한참동안 동강의 어스름이 따라오고 있었다. 동강과 헤어지는 지점에서 나는 노인이 일깨워준 '노(老)부부'의 의미를 오래 생각하였다.

그날 이후 동강은 기억 속으로 흘러가는 강이 되었다. 동강을 만나러 먼 길을 달려가는 그런 날의 힘이며 신명이 이제 우리에게 없음을 예감하며 동강의 물소리만 때때로 떠올리고 있다. 동강곁에 하염없이 앉아있던 노인의 모습을 떠올리고 있다.

내 마음 어딘 듯 한편에

「내 마음의 어딘 듯 한편에」는 김영랑 시인이 쓴 시詩의 제목이다. 여학교 시절 그의 시를 즐겨 읽었다. 「언덕에 바로 누워」 「모란이 피기까지」 「소곡小曲」 등을 줄줄 외우며 학창시절을 보내었다.

학교를 졸업하고 새로운 공부를 하기 위해 고향을 떠났다. 새 거처에는 강은 없고 음울하고 망망한 바다만 있었다. 그때부터 나는 "내 마음 어딘 듯 한편에 끝없는 강물이 흐르네." 하며 고향의 강을 그리워하였다. 마음 한편에 눈물처럼 고여 있는 강물, 그것이 진주의 남강이다. 남강에 대한 그리움을 안고 타관의 땅을 배회하였다.

　바람이 일면 설렁설렁 소리를 내며 흘러가던 강, 넓은 모래사장을 걸어가 마침내 손을 잡던 강, 먼 서쪽에서 흘러와 먼 동쪽으로 사라져 버리던 강, 고향을 떠나온 지 오십 년이 훨씬 지나갔는데도, 다른 기억들은 모두 소멸되고 없는데도, 남강의 기억만은 아직도 생생하다. 물소리도 생생하고 강물의 빛깔, 강물의 움직임도 생생하다. 소멸되지 않는 기억은 아픔일까. 기쁨일까. 아픔인 것 같다.

　나는 섬진강 가에서 태어나고 남강 곁에서 성장하였다. 남강 가에서 처녀가 되었다. 그리고 타관의 땅, 낙동강 곁에서 어른이 되었다. 섬진강, 남강, 낙동강의 수질이 나의 혈맥을 형성시켜 주었다.

　어른이 된 후, 세상을 돌아다니면서 만났던 수많은 강들, 낯선 강들은 낯선 물을 담고 낯선 곳을 향해 흘러다니고 있었다. 이국異國의 강들을 스쳐가며 만나고 스쳐가며 헤어졌다. 아비뇽의 론 강, 마드리드의 만사나레스 강은 멀리서 물빛만 보고 왔다. 그때 나는 "아, 강이다." 하며 소리만 질렀을 뿐, 열차의 의자에서 우뚝 일어섰을 뿐 강과의 만남은 순식간에 끝나고 말았다.

도나우 강가에서는 일부러 강으로 다가가 보았다. 한참 동안 강 곁에 앉아 있었다. 강폭은 넓고 물은 가득하였다. 수심도 깊었다. 강 위를 떠가던 유람선이며 짐을 싣고 강물의 흐름을 거슬러 올라가던 화물선이며 고장난 배를 끌고 가던 예인선 등이 강 위에 떠 있었다. 그러나 강을 횡단하는 새 떼도, 강 건너에서 일렁이던 강가의 대숲 같은 것은 없었다.

그날 나는 도나우 강을 떠나오며 '가슴엔 듯, 눈엔 듯, 또 핏줄엔 듯, 마음이 도란도란 숨어 있는 곳'이라고 한 김영랑의 시처럼 나의 눈과 핏줄 속에 숨어있는 남강의 모든 것을 생각하였다. 가슴 한쪽을 눈물처럼 적시고 있는 남강 물을 생각하였다. 왜 남강은 아직도 나를 지배하고 있는가.

강의 물살을 따라 달려갔던 뜀박질, 내가 던진 돌이 강물 속으로 영원히 몸을 감추며 질러 대던 소리, 흐르는 물과 함께 남실남실 가버린 나의 명주수건, 강둑을 휘덮고 있던 시퍼런 풀들, 강둑에 서서 연을 날리고 있던 소년들의 모습, 그 기억들은 지금도 가슴속에서 보석처럼 빛나고 있다.

남강의 사계四季는 어떠했던가. 봄 강의 나른한 게으름이며 여름 강의 도도한 물살들, 특히 지리산 쪽에서 내린 웃비의 세력이 노도처럼 밀려오면 사람들은 속수무책인 채 강물을 멀거니 내려다보기만 하였다. 물에 잠긴 나무들의 수관樹冠만이 물 위로 솟아올라 흔들리고 있었다.

흙탕물이 밀려오던 자리에 곧 푸른 물이 다시 채워지고 이내 가을이 남강 위로 달려왔다. 강물은 대숲의 바람소리도 머금고 가을의 우수도 머금으며 순한 강이 되었다. 그리고 겨울 강의 차가운 의지가 남강의 정신을, 고향의 모든 것을 지키고 있었다.

오늘도 나는 "내 마음 어딘 듯 한편에 끝없는 강물이 흐르네." 하며 남강의 물소리를 듣고 있다. 울음 같은 그리움의 소리를 지르며 남강을 향한 사모思慕의 말을 하고 있다.

강둑에서 풀과 함께

 사람들이 강을 건너고 있다. 작은 배를 타고 강 저쪽으로 가고 있다. 나도 처음에는 강을 건너가려고 했었다. 한번도 가보지 않았던 낯선 땅, 강을 건너야만 만날 수 있는 강마을, 그 이름 모를 동네에 가보고 싶었다. 그런데 강 저쪽에서 배를 타고 건너온 사람이 불어난 강물 때문에 물살이 매우 거세어졌다고 하였다.
 깊이를 알 수 없는 강, 출렁이는 물살 등, 나는 그만 강이 무서워졌다. 그러나 일행들은 강을 건너가기를 고집한다. 강 건너 마을에 가서 꽃구경도 하고 강에서 갓 잡아 올린 싱싱한 생선으로 만든 요리를 먹자고 한다. 피어나는 봄꽃 곁에서 살아있는 물고기로 요리를 하다니 마음이 내키지 않았다.

일행들은 강을 건너가고 혼자 강둑에 남았다. 그들은 "심심하겠다." 하는 위로의 말을 하고 떠났다. 하긴 그들이 돌아올 때까지 조금은 심심할 것이다. 그러나 나는 그 심심할 것 같은 혼자의 시간을 탐을 내고 있는 것이다.

어떤 여자가 강 건너 식당은 민물 장어 요리가 유명하다고 하며 함께 가지 않는 이유가 이상한 듯 쳐다본다. 강을 건너가지 않은 진정한 이유가 무엇일까, 스스로 물어 보았다. 내가 강을 건너가지 않는 것은 강의 물살이 그렇게 두려워서도 물고기 요리가 그렇게 싫어서도 아니다.

봄빛으로 가득한 강둑을 이리저리 거닐어 보고 싶은 마음, 땅 밑에서 솟아나오는 봄풀들을 보며 그것들에게 다가가고 싶은 마음, 먹는 일, 취하는 일등의 인간의 욕망과 분리된 채 봄풀들과 한나절을 보내고 싶은 마음, 그것이 진정한 이유가 아니었을까.

강둑 밑에는 넓은 들판이 있고 땅의 경계를 이루고 있는 논두렁이 멀리까지 뻗어있다. 완만한 곡선을 지으며 층계를 이루고 있다. 곡선들은 봄날의 우수를 머금고 있다.

어린 시절, 산골에서도 살았고 강둑 밑에도 살았다. 그때 나는 넓은 길을 젖혀두고 언제나 논두렁이나 강둑길을 걸어 집으로 가곤 하였다. 발에 채이는 풀꽃도 보고 먼 산에서 울어대는 뻐꾸기 소리도 들으면서 걸어갔었다. 그때 맡아본 봄풀의 냄새, 강둑을 뒤덮고 있던 풀들, 그 작은 존재들은 내가 걸어가는 길의 동반자가 되어 주었다. 이런 기억 때문인지 나는 지금도 논두렁과 밭두렁, 그리고 강둑을 보면 걸어가 보고 싶은 충동을 느낀다.

지금 나는 천지를 지배하고 있는 봄의 세력 속에서 한 포기 움직이는 들풀이 되어 강둑을 걷고 있다. 한 그루 움직이는 나무가 되어 불어오는 강바람을 마셔대고 있다.

걸음을 멈추고 강둑에 주저앉았다. 땅에는 작고 귀여운 풀들이 수없이 돋아있다. 자세히 보니 여기저기 낯익은 것이 많이 있다. 삐뿌쟁이, 논냉이, 칭칭이, 문둥이배추 등이 보인다. 그러나 어떤 것은 아무리 생각해도 이름이 떠오르지 않는다. 산골 아이들이 가르쳐 준 투박한 이름만이 생각난다.

문득 풀이름 끝에 강둑을 함께 뛰어다녔던 옛 동무들이 기억난다. 숙이, 인이, 풋순이, 끝냄이 등 풀잎 같은 그들의 모습이 떠오른다. 모두 어디 있을까. 봄풀들의 모습은 그때와 변함이 없는데 우리는 너무 변하여서 만난다 해도 서로 알아볼 수 없을 것이다.

 이런 허망한 기분을 떨쳐 버리기 위해 봄의 노래를 부르기 시작했다. 그러나 노랫말이 잘 기억나지 않는다. 봄풀과 즐거운 한나절을 보내고 있는 지금, 기억의 소멸을 자각하다니 쓸쓸한 일이다.

 입을 다문 나는 햇살 속에 손도 내밀어 보고 봄풀의 몸도 어루만져 본다. 풀이 뿌리를 내리고 있는 흙도 손에 쥐어 본다. 봄 햇살의 따뜻함, 봄풀의 정겨움, 봄땅의 부드러움이 전해온다. 나는 보석 같은 이 기분을 껴안으며 드디어 강둑에서 일어섰다. 그리고 강물 쪽을 넌지시 쳐다보았다.

 강을 건너간 사람들은 무엇에 취하여 있는지 아직도 모습을 드러내지 않는다.

흐르는 강물처럼

　드디어 남강에 닿았다. 해가 지고 있는 탓인가, 노을이 물위에 어른거린다. 좀더 일찍 올 것을, 후회가 된다.
　강둑 위에 앉았다. 어둠이 내리기 시작한 강에는 물의 빛깔도, 물의 흐름도 잘 보이지 않는다. 저무는 강가에서 멀리 촉석루와 서장대만 바라보다가 떠나왔다.
　다음 날 다시 강으로 갔다. 내가 어제도 오고 오늘도 강에 온 것은 강물이 소리를 내며 흘러가는 모습을 보고 싶었기 때문이다. 흐르는 강물 곁에서 누렸던 기쁨을 다시 느껴 보고 싶었기 때문이다. 그러나 강은 흐르지 않았다. 느리게 움직일 뿐 봇물처럼 고여 있다.

　강 상류에 만들어진 진양호 댐의 수위 조절로 물의 세력이 약해진 탓이라고 했다. 흐르지 못하는 물을 보고 있는 것은 가슴 아픈 일이다. 강과 땅의 경계선에도 견고한 시멘트 둑이 획일적으로 조성되어 있다. 강으로 다가가 손발을 강물에 담가보는 일은 불가능해졌다. 이제 강물과 사람과의 관계는 차단되어 버렸다.

　어린 시절, 흐르는 물만 보면 무언가를 띄워 보내기를 좋아하였다. 강기슭에 피어있는 찔레꽃이며 갯버들이며 물냉이 같은 풀잎들을 띄우곤 했다. 심지어 손에 쥔 비단 헝겊도 강물에 띄워 보냈었다.

　하루는 목에 감고 있던 흰 명주 수건을 풀어 물속에 흔들어 대다가 손에서 놓치고 말았다. 물살을 따라 흘러가는 명주 수건을 보고 "아, 춤을 추며 가고 있네." 하며 시야에서 사라질 때까지 바라보았다. 몸의 한 부분처럼 나에게 밀착되어있던 명주 수건은 금빛 물결과 함께 그렇게 내게서 떠나갔다.

　그날 저녁, '어디만큼 갔을까. 낙동강까지 갔을까. 바다까지 갔을까.' 하며 내가 알지 못하는 다른 세계를 향해 가고 있을 명주 수건을 떠올리기도 했으나 기억에서 곧 잊혀졌다.

어떤 때는 물밑에 가라앉아 있는 둥근 돌을 건져 올려 손으로 물때를 벗겨내기도 하였다. 물때를 벗어 반짝반짝 빛이 나는 돌을 손에 쥐고 놀다가 집으로 갈 때쯤이면 미련 없이 강으로 도로 던져버렸다. 작은 돌은 아픈 소리를 내며 다시 강으로 돌아갔다.

좀 더 자라서는 흐르는 강물을 그저 바라보는 것도 좋았다. 물 옆에 앉아 물이 오는 방향이며 또 물이 떠나가는 끝을 지켜보곤 하였다. 그때 나의 사념은 한없이 자유로워 강 건너 대숲을 향해 새처럼 날아가기도 하고 강 건너에서 불어오는 바람에게 온몸을 맡기며 강물처럼 서늘한 기분이 되기도 하였다.

하늘에서 움직이고 있는 구름 떼며 어디로인가를 향해 가고 있는 강물의 모습은 흐르는 것이 지니고 있는 청결함이며 유유함, 무욕의 의미를 최초로 느끼게 해 주었다.

남강을 잊고 살아온 시절도 있었다. 내가 새로 거처를 정한 도시에는 강이 없었다. 어쩌다 시외에 나가 큰 강을 만나기도 했지만 물이 춤추며 흘러가는 그런 강은 아니었다. 나는 강을 잊고 사는 대신 세상에서 이룩하고 싶은 욕망과 성취를 위해 매우 분주하였다. 모든 것을 붙들고 지키느라고 정신이 없었다.

그런데 언제부터였던가, 바람이 불어와 내가 지어 올린 집을 흔들어 대었다. 집 속에는 온갖 것이 들어있었다. 재물이며 명성이며 이 세상에서 맺은 소중한 인연들로 채워져 있었다. 나의 젊음도 들어 있었다. 나는 그것들을 떠나가지 못하도록 온 힘을 다해 막았다. 하지만 세월과 함께 순서대로 떠나가는 그것들을 붙들 수 없었다.

그 무력함, 그 쓸쓸함은 나를 못 견디게 만들었고 마침내 지금, 내 어린 날의 강물을 찾아왔다. 미련 없이 모든 것을 띄워 보내던 기쁨의 정체를 찾아 옛 강으로 달려왔다. 그러나 강은 흐름을 멈추고 갇혀있다. 아름다웠던 나의 강, 그 충일했던 옛 강은 어디로 갔을까.

갑자기 내가 밟고 서있는 강둑의 차가움이 전해오고 인간이 만든 콘크리트 구조물이 한없이 완고한 느낌이 든다. 그리고 깨닫는다. 강둑의 완고함과 내가 닮아있음을.

모든 것을 움켜쥐고 싶어 안달을 부리는 나의 모습이 흐르지 않는 강물과 같았음을, 떠나가는 것들을 붙들고 지키기 위해 언제나 전쟁을 치르고 있었음을, 그런 삶 때문에 자주자주 지치고 피곤했음을, 흐르지 못하는 강물 곁에서 깨우침을 받는다. 이런 쉬운 이치 하나를 가슴속에 수용하기 위해 그렇게 긴 세월을 흘러 보내야 했던 것을, 갇힌 강물 곁에서 깨닫는다.

강둑에서 일어섰다. 강물이 다시 흐름을 시작하는 날, 나는 흘러가는 물위에 붙들고 있던 모든 것을 자유롭게 띄워 보내리라. 나의 소중한 것들을 춤추며 떠나가게 하리라. 이런 다짐을 하며 남강 곁을 떠났다. 강 건너편으로 날아가는 물새의 소리를 들으며 강둑 밑으로 내려섰다.

강에서 온 길손

비가 개인 다음 날, 마당에서 잡초를 뽑고 있을 때였다. 대문을 쾅쾅 두드리는 소리가 들렸다. 문을 열고 보니 큰 가방을 든 여자가 피곤한 모습으로 서 있었다. 집을 잘못 찾아온 모르는 사람이었다. 앞산 밑이니 안지랑골은 이 일대를 말하지만 승마장이 가깝다느니 시장이 곁에 있다느니 하는 것을 보면 길을 잘못 들어 헤매고 있는 것이 분명하다. 여인은 지친 몸을 쉬어가고 싶은 듯 선뜻 대문 안으로 들어선다. 뽑아낸 잡초 곁에 털썩 주저앉는다. 내가 건넨 주스 한 잔을 마신 그는 뒷맛이 떫다하며 다시 냉수를 청했다.

그의 말에는 남쪽 지방의 억양이 섞여 있었다. 귀에 익은 말투였다. 아침 일찍 낙동강 옆에 있는 남지에서 집을 나섰다고 하며 이번 비로 낙동강 물이 엄청나게 불어났다고 하였다. 귀가 번쩍 뜨였다. 남지南旨는 낙동강 곁에 있는 소읍으로 내가 아직 학창시절이었을 때 그 곳 학교에 부임해 계시는 부모님을 뵈러 자주 찾아갔던 곳이다.

어릴 적부터 섬진강, 남강 등 고요한 강만 보아온 나는 그때 강물의 깊이와 넓이와 또 그 끝을 짐작조차 할 수 없는 낙동강의 거대한 물살 앞에서 막막하고 두려웠던 생각이 난다.

아버지의 직장 때문에 자주 옮겨 다녀야 했던 우리 가족에겐 객지의 땅들은 결코 뿌리를 내릴 터전이 될 수 없었을 것이다. 어쩌면 부모님은 타관에서 사귄 사람들과의 별리를 아파하며 언제나 길손의 모습으로 섬진강이며 남강이며 낙동강을 건너가고 또 건너오신 것이 아니었을까. 그러고 보니 아침에 낙동강을 떠나 왔다는 여인의 몸에서도 강의 충일한 물 냄새며 수초의 냄새가 나는 것 같다.

우리는 낙동강을 중심으로 이야기의 꽃을 피웠다. 강가의 파삭한 모래땅에서 생산되는 여름 과일이며 낙동강에서 건져 올린 때깔 좋은 잉어들이며 그 잉어들이 땅 위에 올라와서도 오랫동안 펄떡이고 있던 힘 같은 것을 이야기하였다.

마당을 휘이 둘러보던 그는 비로소 눈에 들어온 듯, 인동초 덤불을 보고 "산에서 살고 있는 약초가 어찌 도시에 있을까." 하며 운동초 꽃향기는 십 리를 간다고 말했다. 나는 겨울을 이긴다고 하여 인동초忍冬草라고 부르는 것으로 알고 있지만 그가 말하는 운동초라는 사투리가 더 정겨웠다. 그리고 우리 집 인동초가 지니고 있는 약효와 꽃이 머금고 있는 향기를 이미 알고 있는 여자가 매우 유식하게 느껴졌다.

그는 마당가에 있는 두릅나무와 진달래 곁으로 가더니 개두릅, 개참꽃 하며 경멸하는 눈길을 보냈다. 향나무와 주목에게는 관심도 없는 듯 값비싼 나무들을 본체만체 하였다. 내가 애써 구해다 심은 독일 가문비나무를 보고는 소나무를 닮은 것 같지만 소나무의 기품에는 턱도 없다고 하였다. 산에서 옮겨다 심은 들찔레 곁으로 갔다. 꽃은 이울고 새순이 뻗어 있다. 그는 찔레의 순을 꺾어 입에 씹어 보더니 이것이 참 단맛이라고 말했다.

드디어 여자가 옷에 묻은 풀잎을 털고 돌아갈 준비를 하였다. 대문간으로 나가던 그가 내가 뽑아놓은 잡초들 속에서 신금초니 질경이니 쇠비름을 찾아내며 이것들은 아침에 지나온 낙동강 길에도 지천으로 돋아 있었다고 말하였다. 낙동강 가에서 찾아온 길손은 그렇게 떠나갔다. 문득 그가 쉬다간 자리가 따뜻한 느낌이 든다. 그가 일러 준 풀들이 소중한 생각이 든다. 길손이 한 말들이 우아한 마음이 든다.

어느 아침에 나도 행장을 꾸려 길을 떠나고 싶다. 표표한 길손이 되어 강나루 길도 걸어가고 들길도 가보고 싶다. 길 위에서 무명의 풀들을 만나면 오늘의 길손처럼 그것들의 이름을 따뜻하게 불러보고 싶다.

그때, 길손인 나에게 진정한 휴식을 주는 곳은 어디일까. 사람들의 시끄러운 소리가 들리는 도시는 결코 아닐 것이다. 어쩌면 초원의 한자락이나 야생목의 푸른 그늘이나 아니면 내가 숨 쉬고 자랐던 남강의 강물 곁이 아닐까.

그리고 깨달을 것이다. 이 세상 문명이며 문화에서 받았던 감동이 우리 곁을 얼마나 빠르게 스치고 지나가 버렸는가를, 그것들을 찾아 헤매고 다닐 때 얼마나 지치고 피곤했던가를. 길손이 되어 먼 길을 걸어가며 깨우침 받을 것이다. 그런 것에 비해 강물은 끊임없이 흘러가며 또 풀들은 끊임없이 해마다 피고 지며 새로운 힘을 우리에게 주고 있음을 깨달을 것이다.

저녁볕이 내려앉는다. 길손이 말한 개참꽃, 개두릅 곁으로 갔다. 길손이 본체만체하던 주목나무며 가문비나무 곁에도 갔다. 땅에 뿌리를 묻고 있는 잡초들 곁으로도 갔다. 그것들 또한 산에서 강가에서 또 먼 들판에서 나를 찾아온 소중한 길손들임을 깨우침 받는다.

3

강물의 끝

강물의 끝 | 저물녘의 섬진강 | 남강
고향 산천 | 강을 건널 때 | 아름다운 강을 향해
바람아 바람아 불어라 | 탐진강까지

강물의 끝

산모퉁이를 돌아가자 저만치 강이 보였다. 넓은 모래사장과 느린 물살. 유유하고 장엄하다. 낙동강이다. '흐른 듯 담겨 있는 기나긴 강물.' 학창 시절에 불렀던 낙동강 노래가 기억났다. '낙동강 칠백 리 달은 밝은데, 이 내 두고 가시는 길이 어이 밝으랴.' 하는 노래도 떠올랐다. 이런 노래를 흥얼거리며 낙동강 둑길을 걸어갔던 젊은 날도 생각났다. 문득 낙동강을 따라가 보자 하는 마음이 일어났다. 행로를 변경하여 강을 따라갔다. 앞서거니 뒤서거니 하며 나란히 가기도 하고, 멀어졌다가 가까워졌다가 하며 남으로 남으로 함께 갔다.

낙동강의 시작과 끝을 생각한다. 강원도 함백산에서 발원한 물은 흐르고 흘러 남해까지 간다고 하였다. 최초에는 작은 시냇물을 만들고 차츰 수량이 풍부해지고 드디어 깊고 넓은 긴 강이 되었다. 강 이쪽과 저쪽을 갈라놓기도 하고 먼 곳에서 오는 다른 물을 흡수하기도 하며 칠백 리 머나먼 길을 달려간다. 낙동강에 합류한 다른 물속에는 고향의 남강 물도 포함되어 있다.

어린 시절, 남강 가에 서면 할아버지에게 자주 질문을 하였다. "남강은 흘러 어디로 가나요?" "낙동강까지 간다." 나는 또 "낙동강은 흘러흘러 어디까지 가나요?" 하고 물었다. 할아버지는 나의 말을 흉내 내시듯 "흘러흘러 바다까지 간다." 하시었다. 강물이 흘러가 도달하는 바다. 아득한 느낌이 들었다. 다시 여쭈었다. "강물이 바다에 닿으면 어떻게 되나요?" "마침내 사명을 다한 강물은 흔적도 없이 사라지지. 바다에 흡수되어 죽어 버리지." 하시었다.

지금도 나는 남강의 긴 둑길과 할아버지가 입으셨던 두루마기의 흰 빛을 기억한다. 우리 앞을 지나가던 남강의 푸른 물살과 강 건너 대숲 위로 날아오르던 갈가마귀 떼의 몸짓을 기억하고 있다. 그날 나는 강물의 사명, 강물의 죽어 버림, 이런 말을 들으며 무언가 비감한 생각이 들기도 하고 점점 노쇠해지는 할아버지의 모습이 끝을 향해 가고 있는 강물과 닮아 있음을 느끼기도 하였다.

오늘 나는 낙동강을 따라가며 금빛으로 흔들리고 있는 강물의 멋도 보고 우아한 곡선을 그리며 너울너울 굽이치는 강물의 풍류도 보고 온갖 것을 합류시키며 함께 동행하는 강물의 아량도 보고 낮은 곳으로 내려앉는 강물의 겸손도 본다.

낙동강 하구까지 따라왔다. 강이 흐름을 멈춘다. 강물은 낙동강 하구의 둑 안에 갇힌다. 갇힌 물은 호수처럼 잔잔하고 호수처럼 아름답다. 바다로 나갈 채비를 하고 있는 강물은 숙연한 모습으로 가만히 있다. 강물과 반대편에 있는 바다가 보인다. 그 세력이 거칠고 도도하다.

드디어 강물이 바다로 들어간다. 강과 바다의 경계가 모호해진다. 강물과 바다가 한몸이 된다. 바다가 강물을 삼켜 버린다. 강물이 소멸된다. 강의 생애가 끝이 난다. 그 일이 순식간에 이루어진다. 바다는 아무 짓도 하지 않은 것처럼 시치미를 떼며 음울하게 침묵을 지키고 있다.

바다를 외면하고 강물 쪽으로 돌아섰다. 낙동강의 영광과 아픔을 생각한다. 칠백 리 먼 길을 굽이굽이 흘러오며 누렸던 낙동강의 영광은 무엇이었을까. 강을 둘러싸고 연출되던 사계의 아름다움이었을까. 어떤 침략에도 파괴되지 않았던 낙동강의 정신, 그 유구한 역사였을까. 낙동강에 대한 찬양 속에는 우리의 혈맥을 형성시킨 강의 수질도 포함되어 있다.

낙동강의 수난을 떠올린다. 강을 중심으로 벌어졌던 치열한 전투와 전쟁터에서 산화散華한 꽃다운 목숨들, 그들의 영혼은 낙동강 물가에서 나무가 되고 강물이 되고 바람이 되었을 것이다.

강바람이 인다. 매우 거세다. 강둑의 풀들이 일어선다. 강에서 솟아오른 물새의 날갯짓도 분주하다. 모든 소요가 강을 중심으로 이루어진다. 소멸을 앞둔 강의 몸부림인가, 소멸의 과정을 속수무책으로 받아들여야 하는 낙동강의 마지막 저항인가. 나는 강물의 안타까운 표현들을 향해 쓸쓸한 박수를 보내었다.

강을 떠났다. 떠나기 전 나는 강물에게 말하였다. "참 홀가분하겠다." 생애의 기나긴 무게를 내려놓은 강물의 끝을 향하여 이런 말을 하였다.

오후의 늦은 햇살이 내린다. 땅 위에도 강물 위에도 바다 위에도 내려앉는다. 그런데 땅보다 바다보다 강물 위에 더 많은 햇살이 몰려 있다. 찬란하게 빛을 내고 있다.

저물녘의 섬진강

　어두움은 강 건너 산에서부터 시작되었다. 산 그리매가 차츰 밑으로 내려와 섬진강 물위에 남실거린다. 지금 우리는 저물녘의 섬진강 곁을 지나고 있다.
　섬진강을 찾아와 만나는 것이 이번이 네 번째이다. 섬진강은 내 유년의 기억 속에 남아있는 최초의 강의 모습이다. 섬진강 곁에 있는 악양 땅은 내가 태어나 잠시 살았던 곳으로 부모님은 이곳에서 처음 혼인 생활을 시작했다고 한다. 부모님의 첫딸로 태어난 내 생명의 원초 속에는 지리산의 산 공기와 섬진강의 물 내음이 섞여 있는지도 모르겠다.

단 세 조각의 기억으로만 남아 있는 내 유년의 섬진강, 섬진강 강둑에 할아버지와 아버지와 내가 서 있던 기억, 멀리 보이는 지리산 봉우리에 흰 구름 떼가 언제나 이리저리 움직이고 있던 기억, 또 어머니의 손을 잡고 섬진강을 향해 달려갔던 기억들이다.

어느 해의 여름이었던가. 방학으로 집에 돌아온 아이들을 데리고 섬진강을 향해 길을 떠났다. 대구에서 광주로, 광주에서 구례로, 구례에서 섬진강을 끼고 진주로 돌아가는 길이었다. 이미 청년과 처녀가 된 아들 딸은 그때 눈부신 흰 여름 모자를 쓰고 섬진강 곁을 지나갔었다. 강을 만나고 돌아와서「섬진강과의 다시 만남」이런 제목의 수필 한 편을 썼다.

두 번째의 여행은 친구들과 화엄사 구경을 갔을 때였다. 손뼉 치고 노래하는 친구들과 악양 땅을 지나가며 부모님을 마음속으로 불러 보았다.

세 번째는 지난 해 초봄, 문득 새순이 돋는 나무의 모습이 눈에 들어왔다. 그때 나는 '온 천지에 풋잎이 무더기로 솟아나는 산을 보고 싶다. 봄빛으로 따뜻해진 편안한 강을 보고 싶다.' 이런 생각이 일어났다.

다음 날, 지리산과 섬진강을 향해 집을 나섰다. 그날 섬진강

가에 있는 악양 땅에 일부러 내려 내가 살았던 흔적을 찾아보 았다. 그러나 흔적은 아무것도 없었다.

화개장터는 쌍계사로 올라가는 길목에 있다. 화개장터에서 김동리의 소설 「역마」를 떠올리며 우리도 역마살이 끼어서 이리도 끊임없이 산과 물을 찾아 쏘다니는가 하고 생각했다. 그날 화개장터에서 카메라의 셔터를 눌러주던 남자가 구례로 가는 길에 연곡사에도 가보고 피아골도 가보시오 했다. 남자의 눈에 핏발이 서 있는 것 같기도 하고 아니면 술에 취한 것 같기도 하였다.

연곡사를 지나 깊숙이 들어가면 바로 피아골이다. 아, 나는 그날의 피아골 모습을 잊을 수 없다. 이 세상 사람의 수가 한없이 많고, 이 세상 사람의 정신이 저마다 다르듯이 각가지 다른 색조로 눈트는 새 생명이 그리도 층층이 많음을, 새 생명의 빛이 그렇게 눈이 부심을 잊을 수 없다. 연둣빛 풋잎들은 시시각각으로 변하여 가며 생명의 절정으로 치닫고 있었다.

그날 피아골에는 나무의 순한 기운과 안개와 물소리가 계곡을 메우고 있었다. 안개의 덩어리들은 흩어지고 모이며 몇 번이고 산봉우리를 희롱하더니 마침내 뭉치로 커져서 구름이 되어 갔다. 구름 기둥의 황홀한 출범 같았다.

지금 네 번째로 지나가며 바라보는 섬진강, 오늘은 화개장터며 피아골이며 악양 땅을 둘러볼 마음이 없다. 해가 짧아지는 탓도 있겠지만 이번에는 그저 섬진강 곁을 스쳐가는 길손처럼 그렇게 가보고 싶다. 저물어 가는 섬진강을 그저 바라만 보고 싶다.

이제는 늦가을, 강가에 서 있는 나무들이 겨울잠 준비를 하고 있다. 지난번 여행 때에 '참 잘 생긴 나무.' 하며 쳐다보던 강변의 느티나무 위에 까치집이 얹혀 있다. 그때는 무성한 잎 때문에 보이지 않았는데 지금은 벗은 나뭇가지 사이로 까치집이 보인다. '새의 거처가 참으로 명당자리이다.' 하는 생각이 든다. 지리산과 섬진강과의 아름다운 관계, 신령한 산과 순결한 강물과의 어울림, 이런 기막힌 터가 세상 어디에 또 있겠는가.

강에서 한 남자가 낚싯대를 어깨에 메고 올라온다. 가까이 사람이 사는 인가人家가 보이지 않는데 저 남자는 어둠에 묻혀가는 강나루 길을 언제까지 걸어갈 것인가. 그 사람과 반대 방향을 향해 가고 있는 지금, 우리가 닿을 낯선 땅에서도 지리산 영봉과 섬진강 맑은 물이 흘러갈 것인가.

먼 산의 능선이 차츰 부드러워진다. 부드러운 곡선은 조금씩 우수를 머금고 있다. 가까운 산은 산색이 선명하고 그 다음 산은 더 희미하고 맨 끝에 포개어져 있는 산은 하늘과 맞닿아 경계선이 없어진다.

하늘과 땅, 그 경계의 허물어짐, 지리산과 섬진강, 그 경계선의 무너짐을 지금 보고 있다. 아니 그것들을 보고만 있는 것이 아니라 우리도 어두움 속으로 함께 함몰되어 가고 있다.

남강

 어머님 묘소에서 내려온 우리는 진양호에 가자는 동생의 제안에 따라 차에 올랐다. 진양호 둑 위에 섰다. 물은 흐름을 멈추고 음울하게 갇혀있다. 남강은 언제나 충일한 모습으로 차고 넘치며 흐르고 있었는데 이제는 댐의 수위 조절로 흐르는 힘도 잃어버리고 흐르는 물소리도 잃어버렸다.
 어린 시절, 남강 가까이 살고 있던 우리는 자주 강으로 갔다. "남강으로 가자." 하고 누군가가 소리치면 우우 강으로 달려갔었다. 강둑 위로 치달아 올라가면 저만치 물이 보이고, 우리는 빛나는 남강을 언제나 경이롭게 만나곤 하였다.

강둑 아래에 보리밭이 있었고 보리밭을 지나면 넓은 모래사장이 나타났다. 모래밭을 달려가 강에 닿으면 우리는 비로소 강물을 향해 소리를 질렀다. 그때 질렀던 우리의 소리는 얼마나 높이 또 얼마나 넓게 퍼져 나갔던가. 강물이 우리의 소리가 되고 우리가 강물이 되어 함께 흘러갔었다.

강물에 발을 담그고 물이 오는 방향이며 또 떠나가는 끝을 오래 바라보기도 하였다. "물이 온다." 하고 위쪽에서 손뼉을 치면 "물이 갔다." 하고 아래쪽에서 소리를 질렀다. 물같이 빠른 인생이니 물살같이 빠른 세월이니 하는 말은 남강을 떠나 살게 된 후에야 깨닫게 된 강물의 이치이다.

새로운 물이 우리에게 오고, 또 순식간에 달아나고, 한 움큼 물을 쥐어본 손에는 아무것도 없고, 언제나 빈주먹만이 남던 작은 손들, 지금은 어느 강물에서 허허한 욕망의 잔을 움켜쥐고 있을까.

강에는 돌이 많았다. 돌들은 강바닥에 가라앉아 물살에 따라 조금씩 움직일 뿐 언제나 그 자리에 있었다. 우리는 물과 함께 흐르지 못하는 바보 같은 돌들을 건져 강 하류를 향해 날려 보내기도 하였다. 그러나 돌들은 언제나 강 가운데쯤에서 아픈 소리를 내며 강물 밑으로 몸을 감추었다.

강가에서 바라보던 지는 해, 빛이 바랜 낮달과 멀리 인가人家에서 들리던 사람의 소리는 근원적인 슬픔 같은 것을 일깨워주었고 물위에 떠 있던 죽은 풀잎이며 물속에 갇혀 언제나 그 자리만 지키고 있는 바위 같은 것이 작은 비애를 심어주기도 했지만 그러나 남강은 언제나 금빛으로 반짝이며 도도하게 흘러갔었다.

어느 해 웃비가 많이 내렸던 여름, 강둑에 서서 홍수를 구경하고 있었다. 노한 강은 흙탕물이 되어 흐르고 있었다. 그것은 물이 흐르는 것이 아니라 어떤 거대한 힘이 아우성치며 몰려가는 느낌이었다. 강으로 가는 길도 보리밭도 물에 잠기고 강가에 서 있던 느티나무의 수관樹冠만이 물위로 솟아 있었다.

쪽빛의 나른한 봄의 강이며 수량이 풍부한 여름 강이 지나면 강에는 이내 가을이 왔다. 해가 짧아지는 가을 강가에 서면 왜 그리 마음이 추웠던가. 강 건너 대숲으로 날아드는 갈가마귀 떼, 모래사장에서 회오리치는 황진黃塵이며 수량이 얕아지는 가을 강은 서서히 겨울을 맞을 준비를 한다.

계절의 왕래, 물의 흐름, 이런 것의 수없는 되풀이는 우리를 마침내 어른으로 성장시켜 강물 끝으로 밀어내고 또 다른 세계와의 접촉은 과거를 점점 잊게 해준다. 어릴 때 내가 남강으로 던진 돌이 결코 모습을 다시 보여 주지 않는 것처럼 우리도 남강 가에 다시 집을 짓지 않을 것이며 나를 최초로 강으로 이끌고 간 할머니의 모습도 아득하다.

    진양호를 바라본다. 물이 흐름을 멈추고 땅 위의 모든 것이 물 밑으로 영원히 모습을 감춘 두려웠던 그날, 밀려온 물의 세력들은 남강의 청결한 정신도 함께 묻어버린 것이 아닐까. 그 세력들은 남강과 우리의 아름다웠던 관계도 함께 수장시킨 것이 아닐까. 그래서 거대한 인공의 호수는 언제나 침묵하고 있는 것이 아닐까.

고향 산천

"타국살이 사십 년, 고향 산천이 보고 싶다. 고향 산천에서 살고 싶다. 고향 산천에서 죽고 싶다." 이런 편지를 받았다. 독일에서 온 편지이다. 아득히 먼 서양에서 날아온 편지의 무게는 새처럼 가벼웠다. 그러나 고향 산천이라는 단어를 일곱 번 이상 들먹인 글의 내용은 바위보다 무거웠다. 그가 말하는 고향 산천은 무엇일까. 고향의 산과 강은 언제까지 그를 지배하고 있을 것인가.

이십여 년 전, 그를 독일의 함부르크에서 만났었다. 덴마크에서 돌아오는 길이었다. 미리 연락을 받은 그가 마중을 나왔다.

점심때였다. 생선 요릿집으로 우리를 데리고 갔다. 서양 사람들 사이에 끼어 앉았다. 음식이 나왔다. 생선을 기름에 튀긴 요리였다. 소스를 뿌리고 포크로 찍어 먹었다. 그때 우리는 고추와 마늘을 넣은 한국의 생선 매운탕 이야기를 오래 하였다.

비엔나에서 북구北歐를 향해 여행을 떠날 때, 어떤 독일 여자가 함부르크에 있는 그의 한국 친구를 만나보라고 권하였다. 고향 사람을 만나면 매우 기뻐할 것이라고 했다. 타국살이를 하고 있는 친구의 외로움을 달래주려는 마음씨가 고마웠다. 그 친구를 그때 만났던 것이다.

그날 우리는 함께 엘바 강에 갔다. 엘바 강의 흐린 물을 바라보며 그는 고향의 강 이야기를 하였다. 고향의 강이 그립다고 했다. 하지만 그의 고향이 있다는 문경 가은 지방의 강들은 탄광지대라 그런지 검은 물을 담고 흘러간다. 그럼에도 불구하고 그는 고향의 강을 그리워하고 있었다.

자기 이야기도 하였다. 간호사로 왔다가 독일에 눌러 산다고 했다. 직장도 가지고 독일 남자와 결혼도 하고 아이도 낳았다고 하며 운이 좋았다고 하였다. 운이 좋았다는 말을 들으며 그가 생각하는 운의 기준이 무엇일까 생각해 보았다.

삼 개월 후, 나는 한국으로 돌아왔고 몇 번 편지가 왔었다. 첫 번째 편지에는 가족이 여름휴가를 다녀왔다고 하며 사진을 동봉했다. 푸른 눈의 남자와 금발의 아이, 그리고 황색인의 한국 여자, 웃고 있었다. 편지 속에는 깐느, 니스 등 남불南佛 해안의 도시들과 지중해의 푸른 물빛에 대한 이야기가 많았다. 고향 이야기는 없었다.

　두 번째 편지에는 허리에 고장이 나서 치료를 받는 중이라고 하며 한국의 온돌방 생각이 난다고 했다. 온돌방의 뜨거운 구들목에 누워 허리에 찜질을 했으면, 한의원에 가서 침 몇 대를 맞았으면 하였다.

　오늘 세 번째 받은 편지에는 고향 산천에 대한 그리움의 말로 가득 차 있다. 고향의 강, 이야기가 많았다. 고향의 강 언덕에 앉아 피곤한 몸을 쉬어 보았으면, 싸리나무, 돌감나무, 오동나무 등 고향 산천에서만 살고 있는 그런 나무들을 만나 보았으면 하였다.

　음식 이야기도 있었다. 참죽 잎으로 만든 자반 튀김, 된장에 박은 무장아찌, 쓴맛이 나는 고들빼기 김치, 심지어 콩나물밥, 새우젓 이야기도 있었다. 가난한 시절에 먹었던 이런 음식의 맛은 아직도 혀끝에 남아 서양 음식들과 싸우고 있는 것일까.

　편지를 읽고 있으니 더럭 겁이 났다. 고향 산천에 대한 그리움이 봇물처럼 쏟아져 나오는 이유가 무엇일까. 타국에서 이룩한 것들을 팽개쳐 버리고 오로지 고향 산천으로의 회기回歸만이 소원인 참 이유가 무엇일까. 병이 들어 치유 불능의 상태가 되었는가. 아니면 타국 생활의 외로움을 감당할 힘이 모두 소진되고 말았는가.

나는 지금도 자주 고향으로 달려가 고향의 강을 본다. 고향산천을 채우고 있는 바람 소리도 듣는다. 고향의 음식을 먹고 새 힘을 얻기도 한다. 고향산천에서 살고 싶고 고향산천에서 죽고 싶다고 한 그의 마음을 알 것 같다.

며칠 후, 나는 편지를 쓸 것이다. 무슨 말로 그의 그리움을 잠재워 줄까. 그가 태어난 문경 지방의 아름다운 산세를 이야기할까. 그가 살고 있었다는 가은 지방, 거기 있던 탄광은 폐쇄되고 지금은 석탄박물관이 되었다는 이야기, 검은 물이 흘러가던 강물도 이제는 맑고 깨끗해졌다는 이야기를 해줄까. 아니면 고향 산천에서 솟아나는 봄풀들의 이름을 말해줄까. 지금 이땅에는 정지나물, 쑥, 머슴둘레 같은 봄풀들이 산과 강둑에서 지천으로 돋아나고 있다.

봄이 깊어지면 향기로운 참죽 잎이며 산초 잎이며 더덕 뿌리 같은 것으로 장아찌를 만들어 그에게 보내주고 싶다. 가을에 갈

무리해 둔 무말랭이, 감말랭이, 호박말랭이 같은 것도 함께 보내고 싶다. 이런 것들은 그가 태어나고 숨 쉬고 뛰어 다녔던 고향산천의 햇볕 아래에서 살아온 생명들이다.
　참죽 잎이며 산초 잎을 따서 그늘에서 말리고 들깻잎, 콩잎, 씀바귀를 소금물에 삭히고 도라지와 더덕 뿌리를 방망이로 잘금잘금 두드려 숨을 죽이고 마침내 그것들을 양념에 버무리며 간을 보리라. 조금은 칼칼한 맛이 나게 하리라. 마지막으로 통깨와 실고추를 살살 뿌리며 멋도 내리라.
　드디어 꽁꽁 묶은 음식들을 들고 우체국으로 갈 것이다. 하지만 이런 나의 행위가 그에게 치유의 기쁨이 될지 아니면 더 큰 그리움의 병이 될지는 알 수가 없다.

강을 건널 때

 봄이 왔다. 땅에는 새싹이 돋아나고 나무들은 물이 올랐다. 하지만 나는 나른하고 우울하고 힘이 없었다. 봄철마다 치루는 봄 앓이 병, 사치스러운 병이기도 하다. 입맛, 잠맛이 떨어지고 살림살이의 의욕도 달아났다. 이런 나를 보고 사람들이 집안에만 있지 말고 이리저리 돌아다니라고 했다. 또 어떤 이는 사람들을 만나 수다를 떨며 말을 많이 하라고 하였다. 또 어떤 사람은 먼 곳으로 여행을 가라고 권하였다.
 할 일 없이 돌아다니는 일. 우우 둘러앉아 시끄럽게 수다를 뜨는 일. 흥미가 없었다. 먼 곳으로의 여행, 귀가 솔깃했다. 여행지를 물색하였다. 산도 생각하고 강도 생각하고 도시도 생각했다. 먼저 산을 생각하였다. 하지만 산에 피어있을 진달래의 분홍 빛깔이 아련한 슬픔을 더욱 안겨줄 것 같았다. 다음으로 넓은 도시를 생각하였다. 사람들이 웅성거리는 낯선 도시, 반가운 얼굴들도 있겠지만 함께 말하고 함께 웃어댈 힘이 없을 것 같다.

"강으로 가자." 이런 생각이 들었다. 강으로의 여행을 생각하니 마음이 들떴다. 내가 만난 강들이 한꺼번에 떠올랐다. 섬진강, 남강, 낙동강, 심지어 이국異國에서 만난 강들도 떠올랐다. 달려갈 수 있는 힘도 생각하고 인연도 생각하였다. 강의 수질이 나의 혈맥을 형성 시킨 강, 나의 정신이 물의 흐름에 길들여진 강. 그런 강을 찾아가고 싶었다. 그 강이 진주의 남강이었다.

나는 남강 가에서 태어나고 남강 가에서 성장하였다. 나의 배냇저고리가 남강 물에 헹구어지고, 어머니의 손을 잡고 강을 향해 아장아장 걸어가고, 좀 더 자라서는 강물과 나란히 뜀박질을 하고, 그렇게 남강과 얽혀가며 자랐다. 스무 살이 되자 드디어 남강은 나를 타관으로 밀어내었다. 그 옛 강을 만나고 싶었다. 강을 건너며 봄날의 아픔을 치유 받고 싶었다.

남강을 향해 길을 떠났다. 남강에 닿았다. 강물도 봄을 앓고 있는지 우수에 차 있다. 강변의 풍경을 본다. 촉석루, 진주성, 논개의 사당, 의암 바위, 그리고 깊고 푸른 물, 남강의 모든 것은 비장하고 열렬하다.

다리 위로 올라섰다. 강을 건너기 위해서이다. 들고 있던 짐들은 강 이쪽에 두고 빈손으로 갔다. 홀가분하다. 다리의 중간에서 걸음을 멈추었다.

나는 강을 건널 때면 언제나 강의 가운데쯤에서 발걸음을 멈춘다. 어디로인가를 향해 가고 있는 강물을 내려다보며 나의 앞날을 추측해 보기도 하고 내가 출발한 강 이쪽의 정겨운 것들을 돌아보기도 한다.

강 이쪽에는 집과 학교와 성당이 있었고 강 저쪽에는 기차역이 있었다. 따뜻하고 안락한 집이 있는 강 이쪽으로 되돌아가고 싶은 마음, 강 너머 저쪽으로 건너가서 더 넓은 세계를 향하여 기차를 타고 떠나고 싶은 마음, 이 두 마음이 항상 싸우고 있었다.

새로운 공부를 위해 집을 떠나던 날, 그날도 나는 강 중간쯤에서 걸음을 멈추었다. 하지만 강 저쪽에서 울리는 기적 소리에 이끌리어 강을 건넜다. 기차를 타고 먼 곳을 향해 갔다. 나의 오랜 타관살이가 시작되었다.

"강을 건널 때면 언제나 바람이 불었다. 강을 건널 때면 언제나 손이 시렸다. 강을 건널 때면 언제나 가슴이 흔들리고 있었다." 그런 날에 쓴 시의 구절이다. 바람과 함께 건너가던 강, 시린 손을 흔들며 이별을 고하던 강, 아픈 날의 풍경이다. 그때 시린 것은 손 뿐 아니고 마음도 시렸을 것이다. 미완未完의 앞날도 시린 물빛처럼 흔들리고 있었을 것이다.

이제 나는 강을 건널 때마다 손에 들고 있던 짐의 무거움도, 짐을 들고 강을 횡단하던 분주함도 없어졌다. 강 이쪽에 남아 손짓하던 그리운 것들의 기억도 희미하다. 강 저쪽에서 나를 유인하던 기적 소리도 들리지 않는다.

흐르는 강물만 바라보며 한가한 어슬렁거림을 하고 있다. 어린 시절, 물속에서 흔들어대다가 놓쳐버린 흰 명주 수건도 생각하고 내가 강으로 던진 돌의 숫자도 생각한다. 그리고 지금, 야윈 손이 붙들고 있는 봄빛 한 움큼을 강물 위로 뿌린다.

오늘은 강을 건너가지 않을 것이다. 강 이쪽에 남아 있을 옛 흔적도 찾지 않을 것이다. 다만 "강을 건널 때." 하며 그런 날의 기억만 가슴에 보듬고 있을 것이다.

바람이 부는가. 강 건너 대숲이 움직인다. 옷자락이 강바람에 나부낀다. 멀리 서장대쪽의 강물이 금빛으로 빛난다. 해가 질 시간이다. 사람들이 바쁘게 걸어간다. 모두 강 저쪽을 향해 가고 있다. 그러나 나는 그들과 반대의 방향을 향해 걸음을 떼어 놓았다.

강 저쪽의 세계를 이미 경험한 나는 아침에 출발한 지점으로 다시 되돌아가기 위해 몸을 움직였다.

아름다운 강을 향해

　지리산이 보이는 밤머리재 밑에서 차를 세웠다. 산을 등지고 아담한 마을이 조성되어 있다. 길에서 서성이는 노인에게 지리산으로 가는 길을 물었다. 노인은 지리산 천왕봉까지는 아득히 멀다고 하며 우리의 행색을 훑어보았다. 그리고 신령한 천왕봉은 아무나 올라갈 수 없다고 하며 겁을 주었다. 높고 험준하다는 말도 하였다.
　애초부터 우리는 지리산 영봉들을 바라만 볼 뿐 올라가 보고 싶은 생각은 추호도 없었다. 그런 힘도 없거니와 시간도 없었다. 다만 지리산 언저리를 돌아다니며 지리산의 정신과 향기를 몸에 묻혀보고 싶은 마음뿐이었다.

　우리의 말을 들은 노인은 그렇다면 산 대신 아름다운 강이나 보고 가라고 했다. 마을 뒤 산길을 따라 한참 동안 들어가면 아름다운 강이 나온다고 했다. 지리산 속에 강이 있다니, 아마도 지리산에서 내려온 물이 모여 흘러가는 냇물을 말하는 것 같았다. 하지만 노인은 아름다운 강이라는 말을 두 번이나 되풀이 하였다. 나는 '아름다운 강'이라고 표현하는 노인의 말이 참 듣기 좋았다. 그는 지리산 자락에서 산과 강을 노래하고 있는 시인 같았다.

　산속의 강을 향해 걸어갔다. 작은 고개 하나를 넘었다. 강물 소리는 들리지 않고 나무의 바람 소리만 들렸다. 두 번째 고개를 넘었다. 다리가 아팠다. 바위에 앉아 쉬었다. 주황색 산나리 꽃이 바람에 흔들거린다. 그러나 꼭꼭 단추를 채운 나의 옷은 흔들리지 않았다. 옷차림을 내려다본다. 남편은 평상복 위에 카키색 덧옷을 입었고 나는 초록색 바지에 주황색 자켓을 입었다. 햇볕을 가리기 위한 모자를 화개장터에서 하나씩 사서 머리에 썼다. 파랗고 빨간 모자이다.

　다시 강이 있다는 방향을 향해 갔다. 길이 좁은 탓인지 초록색 풀잎들이 바지에 엉켜 붙는다. 그런데 두 초록색이 서로 다르다. 풀잎의 초록색은 부드럽고 순한데 바지의 초록색은 강한 느낌을 준다. 나무나 풀이 만들어내는 초록색과 근본적으로 다르다. 그러고보니 남편의 머리에 얹힌 파란 모자도 하늘빛과 다르고 나의 주황색 덧옷도 산나리꽃의 주황빛과 다르다. 사람이 아무리 과학의 힘을 발휘하여 만들어 내어도 자연의 색과 향기에는 결코 미칠 수 없음을 깨닫는다.

산모롱이를 돌았다. 암울한 바위와 울울한 소나무 숲이 앞을 막아선다. 산이 깊은 탓인지 냉기가 온몸을 둘러싼다. 인적이 없는 깊은 산속, 차가운 냉기, 왈칵 두려운 마음이 들었다. 남편에게 아름다운 강을 단념하고 그만 돌아가자고 말했다. 남편도 고개를 들어 하늘에 있는 해를 보고 강물소리에 귀를 기우리더니 물소리는 아직도 들리지 않는다고 하며 돌아갈 생각을 하였다.

내려오는 길, 고개 몇 개를 넘으면 쉽게 만날 수 있다고 믿었던 아름다운 강을 상상해보았다. 그리고 산나리꽃 곁에서 깨우쳤던 초록색 나무와 풀잎의 빛깔, 파란 하늘과 주황색 산나리꽃의 순한 빛을 떠올렸다. 자연의 색과 빛에 비해 사람이 만들어 낸 색채의 강열함과 어지러움, 그 속에는 인간의 어떤 독기가 스며있는 것 같은 생각이 들었다.

산으로 들어가면서 만났던 산나리꽃 곁에서 걸음을 멈추었다. 산나리꽃을 꺾을까 말까 하다가 그만 손길을 거두었다. 인간의 독기가 사라진 푸른 산의 선한 마음이 순간 나를 지배했는지 모르겠다.

마을 앞에서 부르릉 소리를 내며 자동차가 출발하려고 하자 아까의 노인이 다시 나타났다. 떠나는 우리를 향해 손을 흔들며 말을 한다. "아름다운 강을 만났소?" 하는 것 같았다. 우리도 손을 흔들었다. 엄밀하게 말하면 노인에게만 손을 흔든 것이 아니고 멀리 구름 위에 솟아있는 지리산 영봉들과 우리가 찾아가서 만나려고 했던 강, 지리산 속에 숨어있는 그 미지의 아름다운 강에게 손을 흔들었다는 것이 옳겠다.

바람아 바람아 불어라

 강 이쪽에 서 있다. 살구나무 옆에 있다. 꽃이 한창이다. 구름 떼 같다. 꽃에 취하여 갈 길을 잊고 있다. 강 건너 마을에 살고 있는 화가를 찾아가는 중이다. 아침에 집을 나설 때 가족들은 "봄날에 무슨 바람이 불었나?" 했었다. 그것이 바람이었을까.
 몇 년 전, 그림 한 폭을 샀다. 산골 풍경을 그린 그림이다. 화가가 그림을 건네주며 고향으로 귀소歸巢하는 마음으로 그렸다고 했다. 곧 강 건너 산골로 들어갈 것이라 하였다. 평생 동안 몰두했던 그림의 화풍畵風이니 그림의 사조思潮니 하는 자아自我 세계에서 벗어나 자연의 한 부분처럼 살고 싶다고 하였다. 눈에 보이는 아름다운 산천의 외양만 표현하기에도 앞날이 모자란다고 했다. 강, 산, 들 곁에서 노년을 보내고 싶다고 하였다.

지금까지의 그의 그림은 종횡의 선과 무거운 색채로 차 있었다. 한없이 분방하고 또 한없이 고뇌하고 있는 것 같았다. 그는 이제 그런 것에서의 탈출을 시도하고 있다. 생각의 표출, 내면의 탐색, 그런 피곤에서 벗어나려고 하고 있다. 옆에 있던 그의 부인이 "무슨 바람이 불었는지 지금까지의 모든 방식을 끊어버리려고 한다."고 말했다. 그것도 바람이었을까.

그림을 갖고 와서 벽에 걸었다. 그림 앞에서 자주 서성이었다. 꽃을 피운 살구나무 한 그루, 초가집 벽에 뚫린 봉창, 흙담 앞에 서 있는 노인들, 청보리밭 옆을 흐르는 작은 냇물, 봄날의 풍경이었다. 나는 평범한 소재이다 하며 그림 앞을 물러났다.

지난겨울, 추위를 피하여 집안에 칩거하고 있었다. 하루에도 몇 번 씩 그림이 눈에 들어왔다. 오래 보고 있으니 그림에 나타나 있지 않은 더 많은 것이 화폭 안에 숨어 있는 것을 알았다. 담 밑에서 돋아나고 있을 봄풀들의 나풀거림이며 보리밭 사이를 지나가는 바람이며 작은 봉창으로 내다보는 세상 풍경이며 흙벽에서 묻어나는 황토 냄새가 느껴졌다. 그리고 집 밖에 나와 서성이는 노인들의 고독과 흘러가는 물의 소리도 느껴졌다. 노인들은 흩날리는 살구꽃 곁에서 지나간 날을 그리워하고 있는 것일까. 기다림, 그리움, 떠나감 등이 그림 속에 유동하고 있었다.

강을 건너 산골로 들어간 화가는 지금, 아름다운 노년을 보내고 있을까. 강물 소리, 바람 소리를 들으며 자연의 한 부분처럼 늙어가고 있을까. 그런 풍경 속으로 나도 한번 들어가 보고 싶었다. 화가의 담백한 새 그림을 보고 싶었다. 그 이유로 아침에 집을 나섰다.

강둑을 걸어오던 아이들이 살구나무 아래에서 걸음을 멈춘다. 부신 눈으로 꽃을 본다. 눈빛이 꽃처럼 예뻤다. 바람이 불었다. 우수수 꽃이 떨어진다. 꽃잎을 손으로 받는다. 나도 아이들처럼 낙화를 손으로 받았다. "바람아, 바람아 불어라." 하며 아이들이 나무를 흔들어 댄다. 나도 나무를 흔들며 꽃잎을 흩날려 본다. 겨울 동안 나를 지배하고 있던 차가움, 무거움, 어두움 같은 것이 꽃잎과 함께 날아가 버린다.

아이들에게 "어디까지 갈거니?" 하고 물었다. "강 건너까지." 한다. 강을 본다. 넓은 모래사장과 반짝이는 물살, 문득 금모래를 밟으며, 푸른 물에 발을 적시며 강을 건너보고 싶었다. 나의 말을 들은 아이들이 턱도 없다 하며 강 건너 마을로 가는 방법은 강물 위에 걸쳐 있는 다리를 지나가는 길 밖에 없다고 딱 잘라 말을 하였다.

화가에 대하여 물어 보았다. 한 아이가 같은 마을에 살고 있는데 남자는 언제나 그림만 그리고 여자는 언제나 채소만 키운다고 하며 화가의 집에 가면 이상한 냄새가 난다고 했다. 유화 물감 냄새를 일컫는 것 같았다.

그 화가를 찾아간다고 했더니 지금은 헛걸음을 할 것이 확실하다고 한다. 이렇게 화창한 날에는 주로 바깥에서 그림을 그리며 어떤 때는 산 밑에 있는 강물까지 간다고 했다. 오늘도 화가는 강으로 갔을 것이라고 하였다. 큰 모자를 쓰고 화구와 도시락을 들고 강을 향해 걸어가는 모습이 마치 소풍을 가는 것 같다고 했다.

어느새 오후가 되었다. 강을 건너가는 것도, 화가 부부를 찾아가 그의 새 그림을 보는 것도 단념을 해야 할 것 같다. 아이들은 떠나고 살구나무 곁에 혼자 남았다. 나는 아이들의 흉내를 내듯 "바람아, 바람아, 불어라." 하며 살구나무를 흔들어 보았다. 그러나 바람은 불지 않고 꽃잎도 떨어지지 않았다.

언제 또 바람이 불 것인가. 살구나무도 흔들어대고 나의 마음도 흔들어대던 바람이 언제 또 불어올 것인가. 필시 오늘의 봄

바람은 곧 잠잠해질 것이고 여름이 지나면 어느새 가을, 그때 땅위를 휩쓸고 있을 가을바람은 나를 또 강물 곁으로 유인할 것인가. 하지만 나는 살구나무의 마른 잎들이 몸부림치며 떠나고 있는 모습은 보고 싶지 않다. 강가에 쓸쓸하게 서 있을 늙은 화가 부부도 만나고 싶지 않다.

 어쩌면 나는 눈이 내리는 어느 겨울날, 흰 눈에 파묻혀 가는 아득한 강변의 풍경이나 만나러 한차례 또 이곳을 찾아올지는 모르겠다.

탐진강까지

 문득 산속에서 밤을 지내고 싶은 마음이 일어났다. 산속에서 밤하늘에 떠 있는 별을 보고 산속에서 숲을 지나가는 밤바람 소리를 듣고 다시 아침, 눈부신 해가 산 위로 솟아오르는 모습을 보고 싶었다.
 아침에 집을 나설 때는 이런 이유로 지리산이 우리의 목적지였다. 지리산에 도착하니 아직도 이른 오후, 우리는 다시 성삼재를 넘고 시암재를 넘었다. 시암재에서는 차에서 내려 뭉쳤다가 흩어지고 또 모였다가 다시 유유히 떠나가는 흰 안개 떼를 바라보기도 하였다.

지리산밑에 있는 마을가지 내려왔을 때, 그 동안 만난 적이 없는 다른 산으로 가고 싶은 생각이 들었다. 어쩌면 그 산은 한 번도 가보지 않았던 고흥반도나 땅끝 마을이 있는 해남 땅에 있을 것 같기도 하였다.

우리는 지도를 꺼내 들고 그 쪽으로 차를 몰았다. 구례, 순천, 벌교, 보성, 장흥까지 왔다. 갑자기 시야가 환히 트이며 큰 강이 보였다. 낯선 땅에서 새로 만나는 강은 매우 신선한 느낌을 준다. 지도를 보며 강의 이름을 찾았다. 그러나 작은 지도에는 강물의 줄기도 강의 이름도 나타나 있지 않았다.

차를 세우고 지나가는 사람을 기다렸다. 긴 강둑을 따라 한 남자가 걸어오고 있다. 손에는 아무것도 들지 않고 빈손만 흔들며 온다. 그는 강물에 취한 듯 강만 보고 있다. 가까이 보니 남자는 강을 보고 있는 것이 아니고 강 건너편에 그림처럼 솟아 있는 산을 보고 있었다.

"강의 이름이 무엇이오." 남편이 물었다. "탐진강이오." 그는 간단하게 대답을 하였다. 그리고 강을 버리고 둑 아래로 내려가더니 걸어오던 방향으로 다시 가고 있었다.

강의 이름을 듣는 순간 나의 내면에 숨어 있던 어떤 기억의 문이 쿵하고 소리를 내며 열리는 것 같았다. 우리를 무시하는 듯한 태도로 바람처럼 지나가 버린 남자가 기억의 문을 열어준 셈이다.

탐진강은 오랜 세월 동안 나의 의식 속에서 아련히 흘러다니던 강의 이름이다. 탐진강의 이름을 처음 들은 것은 처녀 시절, 우리 아버지에게서였다. 그때 아버지는 친구 몇 분과 함께 여행을 떠나셨다.

"남자들은 구름처럼 이리저리 잘도 다닌단다." 이런 말을 그날 어머니가 하셨던 것 같기도 하다. 나는 어머니의 말을 듣고 자유로운 구름 떼, 자유로운 남자들 하며 부러워하였다. 그 후 해질녘이면 어머니는 대문간에 서서 아버지를 기다리시곤 했다.

아버지는 사흘 밤을 지내고야 집으로 오셨다. "지리산 너머에 있는 탐진강까지만 갔다 왔다." 이렇게 말씀하시며 마루 끝에서 신발의 끈을 푸셨다. 어머니는 그 말을 들은 듯 못 들은 듯 물이 가득 담긴 놋대야만 아버지의 발밑에 놓으셨다. 놋대야에 발을 담그신 아버지는 지리산이며 탐진강의 이야기를 들려주셨다.

먼 지리산 너머에 있는 강, 아버지의 긴 여행과 어머니의 기다림, 이런 애틋하기도 하고 허망하기도 한 기억과 그때 들은 강의 이름이 어찌 그리도 깊이 나의 내면에 자리잡게 되었을까.

강의 이름이 소멸되지 않았을까.

 그 탐진강을 지금 나는 만나고 있는 것이다. 탐진강 곁에 서 계셨을 아버지를 보고 있는 것이다. 문득 우리가 참 늦게 탐진강을 찾아왔다는 느낌이 든다. 탐진강과의 만남이 너무 늦은 연령쯤에서 이루어졌다는 생각이 든다. 해질녘의 기분은 쓸쓸하고 적요하다.

 나도 아까의 남자처럼 강 건너편에 솟아 있는 산을 본다. 아름다운 산이다. 저 산이 우리가 찾고 있는 새로운 산인가. 그러나 아무리 둘러보아도 산으로 가는 길이며 강을 건너는 방법은 보이지 않는다. 산과 우리 사이에는 깊은 강물이 가로놓여 있다.

 아버지를 다시 생각한다. 이쪽 강둑에 서서 흘러가는 강물과 강 건너 먼 산만 바라보시다가 발길을 돌리셨을 아버지, 그래서 "탐진강까지만 갔다 왔다." 하시며 마루 끝에 주저앉으시던 아버지, 손에 잡힐 것 같으면서도 결코 붙들 수 없었던 세상 모든 것을 그저 멀거니 보고만 계셨던 아버지, 어쩌면 그것이 이 세상을 살다 가신 아버지의 한계가 아니었을까. 또 세상을 살고 있는 우리의 한계가 아닐까. 탐진강의 이름을 가르쳐주던 아까의 남자도 그 한계를 쓸쓸하게 깨달으며 터덜터덜 다시 되돌아간 것이 아닐까.

　해가 산을 넘자 강물의 빛도 건너편의 산도, 나의 옷도 잿빛이 된다. 드디어 우리도 탐진강을 떠났다. 큰길로 나오자 강진행이라는 도로 표지가 붙어 있다. 오늘 밤의 잠자리는 저 낯선 도시에 있을 것이다. 산 속에서 밤을 보내고 또 아침을 맞이해 보고 싶었던 우리의 계획은 좀 더 접어두어야 할 것 같다.

크렘스 강을 떠나다

가브 강과 기도소리 | 도나우 강가에서 | 테임스 강의 어둠
드리나 강 | 아르노 강 위에서 | 크렘스 강을 떠나다
라인 강과 네카 강 | 첨벙 첨벙 강을 건넜다

가브 강과 기도소리

이틀 동안 날씨가 궂었다. 하루는 폭우가 쏟아졌고 하루는 구름이 몰려오고 천둥이 치고 바람이 불었다. 삼 일째 되는 날, 드디어 해가 나오고 훈풍이 불어왔다. 루르드 체류 삼 일간 우리는 이런 날씨를 경험하였다.

모나코, 말세이유, 바르셀로나 등을 거쳐 루르드에 왔다. 큰 도시에서는 사람들의 시끄러운 소리만 들릴 뿐, 기도 소리는 들리지 않았다. 루르드는 프랑스 남쪽 피레네 산맥 안에 있는 작은 마을로 성모님이 소녀 벨라뎃다에게 발현했던 장소이다. 세계 곳곳에서 순례객이 모여든다. 특히 병의 치유를 위해 찾아오는 병자들이 많다.

첫날 우리는 숙소에 여장을 푼 후 곧 발현 장소인 마사비엘 동굴로 달려갔고 동굴 앞을 흘러가는 가브 강을 만났다. 강은 넓고 깊지 않았지만 수량이 풍부하고 물은 푸르고 깨끗하였다. 피레네 산에서 내려오는 물이라고 했다.

사람들이 줄을 서 있었다. 성모님이 발현 때 밟고 섰던 바위에 손을 대어보기 위해서였다. 우리도 그렇게 하였다. 아득히 먼 곳에 있는 어른들과 아이들을 위해 바위에 손을 포개고 깊은 기도를 하였다. 다시 가브 강가에 섰다. 시원한 바람이 불어왔다. 피레네 산에서 불어오는 바람이라고 하였다. 피레네 산에서 흘러오는 물과 바람, 그리고 성모님의 옷자락이 닿았던 동굴, 한없는 은총 속에 둘러싸여 있는 것 같았다.

밤 기도에 참여하였다. 광장에 모인 사람들이 소리를 내어 성모송을 바치며 묵주기도를 하고 있었다. 세계에서 찾아온 사람들은 각자 자기나라 말로 성모송을 염경하였다. 우리는 한국말로 하였다. 아프리카에서 온 사람들이 우리 옆에 있었다. 검은 얼굴과 빛나는 눈빛과 열정적인 소리를 내고 있는 입술, 그들이 바치는 성모송은 수풀 속에서 들려오는 새소리 같았다. 우리는 기도하는 틈틈이 눈이 마주치면 서로 방긋 웃어 주었다.

환희의 신비 3단이 시작되었다. 갑자기 비가 내렸다. 폭우였다. 그러나 사람들은 흩어지지 않았고 기도소리도 끊어지지 않았다. 빗소리와 함께 더욱 힘있게 하늘을 향해 올라가고 있었다. 가브 강의 물도 큰소리를 내며 흘러갔을 것이다.

어떤 부부를 잊을 수 없다. 맨 앞자리에 휠체어에 앉아있는 여자와 서있는 남자가 보였다. 그들이 주기도문과 성모송을 선창하였다. 독일 말이었다. 병든 아내를 위해 머나먼 독일에서 휠체어를 밀고 왔을 남편, 슬픔보다 감동이 솟아올랐다. 더욱 큰 감동은 소나기가 쏟아질 때 남자가 우산을 펼쳐들고 병든 아내를 보호하고 있는 모습이었다. 자신은 온몸에 비를 맞으며 병든 아내를 완벽하게 지키고 있던 남편의 뒷모습, 그는 어떤 폭풍우가 몰려와 끄떡도 하지 않는 아름다운 여름 나무와 같았다.

다음 날은 아침부터 날씨가 흐렸다. 우리는 짙은 구름 밑을 지나다니며 언덕 위에 조성된 십자가의 길을 따라 14처의 기도도 바치고 성당에서 거행되는 미사에도 참여하였다. 벨라뎃다의 집에도 갔다. 협소하고 가난한 집이었다.

밤이 되자 사람들이 다시 광장에 모여들었다. 우리는 가브 강 가까이 서서 묵주기도가 시작되기를 기다렸다. 우리 앞으로 병자들을 태운 들것과 휠체어가 지나갔다. 들것을 들고 휠체어를 밀고 가는 사람들은 젊은 청년들이었다. 그들은 내가 알아들을 수 없는 말로 병자들과 대화를 나누기도 하고 손을 잡고 성모상 앞으로 나아가기도 하였다. 가브 강 곁에서 힘든 봉사를 하고 있었다.

묵주기도가 시작되었다. 앞자리에 있는 병자들이 선창을 하였다. 나는 성모송을 바치는 틈틈이 하늘을 덮고 있는 구름떼를 올려다보았다. 먼 산위에서 빛이 번쩍 하더니 천둥이 쳤다. 비는 오지 않고 소리만 내었다. 무서웠다. 그러나 사람들은 두려움이 없는 듯 계속 기도를 하고 있었다. 더욱 힘차게 더욱 강하게 큰 소리로 기도만 하고 있었다. 성모님에게 깊은 의탁을 하고 있는 것 같았다. 이윽고 천둥번개는 물러가고 마지막 영광송을 바쳤다. 나는 옆자리의 외국 사람에게 손을 내밀었다. 평화의 인사를 나누 듯 그렇게 하였다.

삼 일째 되는 마지막 날, 드디어 해가 나왔다. 천지가 눈부셨다. 아침 일찍 성당으로 가 미사를 드렸다. 스페인 신부님이 집전하는 미사였다. 마드리드에서 순례단을 인솔하고 오신 것 같았다. 강론 중에 마드리드라는 말을 두 번이나 들었다. 나는 스페인 사람들 속에 서서 이별의 인사를 성모님에게 하였다.

루르드를 떠났다. 우리 생애 최초로 경험한 루르드의 삼일간, 성모님이 발현한 참 의미와 그분이 우리에게 전한 메시지를 생각하며 루르드를 떠났다.

첫날의 폭우, 둘째 날의 천둥번개, 마지막 날의 찬란한 햇빛, 그 암묵적인 하느님의 사랑을 생각하며 루르드를 떠났다.

가브 강에게도 헤어지는 인사를 하였다. 가브 강은 더 많은 햇빛을 담고 더 많은 물소리를 내며 기적의 땅을, 성모님의 발밑을 흘러가고 있었다.

도나우 강가에서

　도나우 강은 내가 세상에서 처음으로 알게 된 외국의 강 이름이다. "붉은 노을은 달빛을 가리고 지저귀는 새, 여기가 다뉴브 강." 어린 시절 어머니는 자주 이 노래를 부르셨다. 재봉틀 앞에서 옷을 지을 때도 마루 끝에 앉아 쌀에 섞인 뉘를 골라내실 때도 노래를 부르셨다.
　내가 알고 있는 섬진강이며 남강과는 다른 생소한 강의 이름에 대해 질문을 하면 "먼 서양에 있는 강의 이름이다. 절대로 가 볼 수 없는 강이다." 하시며 물빛보다 진한 비단을 확 펼치시기도 하고 담 너머 하늘에 떠 있는 노을을 바라보기도 하셨다.

영원히 만날 수 없는 강, 붉은 노을이 타고 있는 강, 이것이 내가 최초로 알게 된 다뉴브 강이며 좀더 자라서야 그 강의 이름이 도나우 강과 동명이며 음악가 요한 슈트라우스가 사랑하던 강임을 알게 되었다. 그리고 세상에는 내가 알고 있는 강 외에도 수많은 강들이 여러 방향을 향해 다른 물을 담고 흘러 다니고 있음을 알았다.

어머님이 절대로 갈 수 없다고 하시던 도나우 강 언덕에 지금 앉아있다. 다뉴브 강의 노래를 즐겨 부르시던 그때의 어머님의 연령쯤 하여 낯선 서양 사람들 사이에서 도나우 강의 물을 보고 있다.

지금 살고 있는 린츠는 도나우 강이 S자 모양으로 도시 복판을 흐르고 있다. 집이 있는 대학촌에서 시내로 나올 때면 전차가 강 위를 지나간다. 나는 때때로 강가에 앉아 있다가 다음 전차를 타고 간다. 강기슭에는 아직 출범의 준비를 하지 않은 빈 배가 사슬에 매여 있기도 하고 강 위를 지나가는 화물선의 선원은 연안에 있는 우리를 유유히 살피며 손을 흔들기도 한다.

강가에 혼자 앉아있는 노인이 빵 부스러기를 물속의 고기에게 던져 준다. 그 일을 수없이 되풀이 하고 있다. 하염없이 혼자 앉아있는 노인의 모습은 고독의 표상이다. 엄마를 따라 온 아이가 죽은 벌레를 풀포기에 싸서 강에 띄운다. 강에 합류된 벌레는 이내 물밑으로 가라앉을 것이고 풀포기는 다시 떠올라 강기슭에 뿌리를 내릴 것이다. 죽은 것과 산 것의 분리를 알기엔 아이의 나이가 아직 어리다.

서양의 강들은 느리게 움직이는 느낌을 준다. 모든 강들의 시원은 알프스의 빙원이다. 설빙이 녹아 호수를 만들고 강을 이룬다. 도나우 강은 흑해로, 라인 강은 북해로 흘러간다. 새 도시에 가면 나는 언제나 작은 지도를 먼저 사고 표시된 강의 이름과 건널 수 있는 교량의 명칭을 익힌다.

로마의 테베레 강, 피렌체의 아르노 강에 걸린 다리 위에서는 도시의 역사와 문화를 생각해 보기도 하고 함부르크의 엘베 강, 아테네의 일리소스 강 곁에서는 세상의 강들을 만나기엔 시간이 모자람을 느꼈다.

예인선이 깃발을 나부끼며 떠가던 강, 강의 횡단을 시도하며 물새들이 떼를 지어 날아가는 강, 서양 아이들이 소리를 지르며 달려가는 강, 그러나 이런 강들은 호기심의 대상이 될 뿐 결코 애정을 불러일으키지 않는다. 애정이 담긴 강이란 우리가 그 수질에 길들여지고 강물이 우리 몸속에 혈맥을 이루며 흐르고 있는 고향의 강을 말한다. 발이 빠지는 모래밭을 달려가서 갈증난 몸으로 마침내 만나던 어린 날의 남강 물, 차가운 물의 감촉과 미끌거리던 강물의 부드러움을 잊지 못한다.

어머님이 다뉴브 강의 노래를 즐겨 부르시던 그때, 어린 나는 왜 그렇게 질문이 많았을까. 모든 사물의 시작과 끝남에 대한 행방은 끊임없이 의문을 일으키며 마음을 두드렸다.

문밖에서 불고 있는 바람의 시작, 빗줄기가 내리는 그 출발점, 빛나던 과일의 향기가 이내 사라지는 것, 노래를 끝낸 어머니가 오래 입을 다물고 계시는 것, 이런 것에 대한 질문을 하면 어머니는 애정과 짜증을 함께 표현하시며 내가 알아듣기 어려운 이치는 모두 강 너머로 건너가 버렸다고 하셨다. 그래서 나는 성취할 수 없는 것, 잊어야 할 모든 것은 강 건너에서 이루어지는 사건이며 우리가 결코 증명 받을 수 없는 것임을 알게 되었다.

이제 나의 삶에 있어 강 건너로 날려 보낸 사건들이 많아졌다. 어릴 적 남강 곁에서 함께 성장하다가 흩어진 친구들, 이제는 베어져 황량한 땅이 되고 있는 남강 가의 대숲, 닿지 못하는 곳에 대한 동경의 노래를 자주 부르시던 어머니도 강을 건너가신 지 오래 되었다.

나는 지금, 타국의 강가에 앉아 고향의 강물 속에서 살고 있는 어족들의 이름과 강 밑으로 가라앉은 내가 던진 돌들을 생각하고 있다. 고향으로 돌아갈 날짜를 헤아리고 있다. 엉켜 불붙고 있는 구름이 잿빛 덩어리로 변하고 마침내 강물의 빛깔도 물이 흐르는 방향도 분간할 수 없게 되면 나는 드디어 도나우 강을 떠날 것이다.

지금 내가 고향의 강을 애타게 그리워하는 것처럼 후일 나의 집에서 안주할 때 나는 다시 도나우 강을 그리워할지 모르겠다. 그때 나는 아이들에게 말하여 줄 것이다. "이 사진을 보아라. 여기 강가에 엄마가 앉아있고 도도하게 흐르고 있는 물이 도나우 강이란다."

테임스 강의 어둠

　테임스 강을 따라 갔다. 강 위에 건설된 런던 브리지를 건너자 곧 런던타워가 보였다. 우리가 찾아가는 목적지이다. 어둡고 두터운 성벽, 음울한 수로, 부동의 자세로 서있는 위병들, 성으로 가는 돌길, 잿빛의 우울에 싸여 있다. 런던 체류 4일 간, 우리가 제일 먼저 런던탑을 찾아간 것은 어떤 독일인의 말 때문이다.
　영국으로 오는 도버 해의 선상에서였다. 사람들이 방금 떠나 온 프랑스의 까레 시를 향해 손을 흔들고 있었다. 나도 손을 흔들었다. 어쩌면 나는 오귀스트 로댕의 작품인 『까레의 시민』이라는 군상을 향해 손을 흔들었다는 것이 옳겠다. 그렇게 군상은 슬프고 처절하였다. 백년전쟁 때 까레 시를 점령한 영국이 까레 시를 구하는 조건으로 여섯 사람의 목숨을 요구하였다. 성직자, 귀족 등 여섯 명이 목숨을 내어놓고 도시를 구하였다. 맨 머리, 맨발의 사람들이. 목에 밧줄을 두르고, 고개를 들어 절규하고 손으로 머리를 감싸고 공포에 떨며 처형의 시간을 기다리고 있는 모습을 표현하였다.

그때 옆에 있던 독일인이 "런던에 가거든 런던타워를 꼭 구경하시오. 그 안에 있는 옥사의 벽면을 꼭 보시오." 하였다. 도버 해협의 높은 물결, 끊임없이 불어오는 강한 바람, 흔들리고 있는 거대한 배, 조금씩 마음이 불안하였다. 그리고 방금 들은 런던탑의 옥사 이야기, 오귀스트 로댕이 표현한 조각들, 마음이 어두웠다.

파리의 로댕 미술관에서 본 조각들도 마음을 무겁게 하였다. 「발자크상」, 「걷는 사람」, 「노파」, 특히 「걷는 사람」은 두상이 없이 표현하였고 「노파의 상」은 야윈 손을 등뒤로 내밀며 무언가를 움켜쥐려고 하는 손의 표정이 아픔을 주었다.

처음 런던 여행을 계획할 때는 아름다운 여왕이 다스리는 나라, 공주와 왕자가 있는 동화 같은 나라가 먼저 떠올랐고 테임스 강변에 서서 낯선 바람과 낯선 강물을 바라보며 여행의 기쁨에 젖어보려고 하였다.

런던탑 안으로 들어갔다. 우리는 보석실에서 아프리카의 별이라고 불리는 달걀만한 다이아몬드와 황금 대야도 보고 무기 진열실에서 단두대, 철가면 같은 잔인한 도구들도 보았다. 사람들은 탄성과 한탄을 연발하며 길게 줄을 지어 있었다.

드디어 옥사(獄舍) 앞에 섰다. 밑으로 내려가는 층계는 가파르고 어두웠다. 좁고 희미한 방들, 한정된 공간에 숨이 막힌다. 왕위의 쟁탈에서 밀려난 왕족이나 권좌의 자리에서 밀려난 귀족이며 혹은 개혁된 교리를 거부한 종교인들이 유폐되고 처형된 슬프고 두려운 공간이다.

단단하고 차가운 석벽에는 라틴어나 중세 영어의 문자들이 새겨져 있다. 어떤 것은 희미하게 어떤 것은 정교하게 새겨 있다. '신이여 나의 기도를.' '자유가 거부당하다.' '혼자 남겨지다.' '신을 두려워하라.' 등의 어구 밑에는 1500년대의 날짜와 '올리버' '락가드' 등의 이름과 또 다른 이름들의 머리글자들이 수없이 새겨져 있다. 일상의 모든 것에서 유리된 자리. 자유와 신념이 거부된 고독한 방에서 고통과 노여움을 기도로 달래며 혹은 압제자의 비리를 신에게 고발하며 혼자 투쟁하고 있는 모습들이 상상된다.

　가문家門의 문장紋章, 나무에 매달린 열매, 새와 별의 그림, 비뚤어진 십자가와 꽃, 그중에서 가장 시선을 끈 것은 상처받은 손, 상처받은 발, 상처받은 자기의 심장을 그려 놓은 어느 수인囚人의 그림이다. 사교社交의 화려한 잔치, 정인情人에 대한 그리움과 가족들, 귀에 들리던 종소리, 나르는 새와 높은 별의 빛남, 봄날의 꽃과 열매들, 이런 것들을 기억의 파편 속에서 찾아내어 마치 석공이 작품을 만들 듯이 돌에 새겼으리라. 뜨거운 절규와 필사의 힘으로 새겼을 것이다.

　오백 년의 시공時空이 아득하게 흘러가도 마멸되지 않는 흔적은 아픈 역사의 자리를 차지하고 있다. 갇힌 석실에서 울리지 않는 함성을 혼자 지르며 버티고 있는 석벽에 도전하고 또 절망하다가 마침내 터득한 길, 그것은 돌의 체온을 더듬으며 애무하고 고독한 대화를 돌과 나누고 또 함께 침묵하는 일이었을 것이다. 그리고 새겼으리라. 되풀이되는 작업의 소리는 끝나지 않고 어휘의 소멸, 시야의 퇴색은 더욱 강렬한 마음의 문양을 만들었을 것이다. 절망과 분노를 혼자 깃발처럼 흔들며 마침내 완성하였으리라. 마지막 자기의 이름을.

　런던탑을 떠났다. 빠르게 테임스 강으로 갔다. 그리고 강을 건넜다. 방금 본 런던탑의 슬픈 충격에서 어서 벗어나고 싶었다. 유유히 흐르고 있는 테임스 강. 강은 이러한 인간의 일들을 알고 있을까. 빅벤의 시계탑이 보이는 강 이쪽에서 우리는 의논하였다. 버킹검 궁이며 윈저 성 관람은 뒤로 미루자고 하였다. 비정한 역사 위에서 이룩된 화려한 궁성들의 매력이 가시고 말았던 것이다.

강변에 몰려있는 히피족들이 보인다. 남녀가 섞여 있다. 찢어진 바지와 너풀거리는 치마를 끌며 어디로인가를 향해 몰려가고 있다. 필시 히피족들의 집결지인 피카디리 광장을 향해 갈 것이다. 뭉클뭉클한 연기가 뿜어 나오는 담배를 피어대며 떠들며 가고 있었다.

우리도 걸어갔다. 런던탑의 반대편에 있는 강 이쪽 길을 따라 갔다. 워터루 부리치를 향해 갔다. 로버트 테일러와 비비안 리가 주연한 영화 「애수哀愁」 그 아름답고 슬픈 사랑의 현장을 찾아 테임스 강과 나란이 갔다. 갑자기 짙은 안개 떼가 테임스 강 위로 어둠을 몰고 왔다.

드리나 강

　드리나 강이 언제부터 나의 의식 속에 깊이 자리 잡게 되었을까. 오십 년 전, 대구의 아루스 다방에 우리는 앉아 있었다. 그가 불쑥 책 두 권을 내밀었다. 1961년도 노벨문학 수상작인 소설 『드리나 강의 다리』의 상·하 두 권이었다. 드리나 강의 책을 받을 때 가슴이 조금 두근거렸다. 그것은 강에 대한 호기심 때문이 아니고 앞에 앉아 있는 그의 말 때문이었다. "드리나 강을 만나러 함께 갑시다." 그는 이렇게 말하며 책의 저자인 이보 안드리치에 대한 이야기를 해주었다.

　그날, 나도 강 이야기를 많이 하였다. 섬진강, 남강 등의 고향의 강이며 소문으로만 들었던 도나우 강, 볼가 강 이야기를 하였다. 나의 강 이야기를 그는 말없이 들어주었다. 그리고 책의 안표지에 '정情과 정精과 정靜을 위하여'라는 헌사를 써 주었다. 나는 헌사보다 함께 드리나 강을 만나러 가자는 그의 말이 더 가슴에 남아 있었다.

그 후, 세계지도를 펴놓고 드리나 강의 위치를 찾아보기도 하고 가는 길을 모색하기도 하였다. 해외 나들이 때마다 드리나 강으로의 여행을 그에게 상기시켰고 남편은 발칸 반도의 분쟁, 강을 사이에 두고 벌어지는 국가 간의 대립과 내전, 이런 말을 하며 찾아가기를 주저하였다.

칠 년 전 초등학교 육학년인 손자를 데리고 먼 여행을 갔을 때, 나는 또 드리나 강 이야기를 하였다. 뮌헨의 이자르 강 곁에 서였던 것 같다. 손자의 손을 잡고 드리나 강의 아름다운 다리를 건너가 보고 싶었다. 미지의 세계를 아이의 가슴속에 심어주고 싶었다. 남편은 "슬프고 시끄러운 곳에 아이를 데리고 가다니." 하며 젊은 날의 약속을 아직도 기억하고 있는 나를 딱하다는 듯이 쳐다보았다. 그때 결심을 하였다. 드리나 강에 대한 그리움을 마음속에서 지우자. 팔랑개비와도 같은 젊은 날의 약속, 그 아름다운 신뢰도 거두어 버리자, 이런 생각을 하였다.

어린 시절부터 강에 대한 호기심이 많았다. '붉은 노을은 달빛을 가리고 지저귀는 새, 여기가 다뉴브 강.' 어머니가 즐겨 부르던 이 노래를 지금도 기억하고 있다. 다뉴브 강에 대한 질문을 하면 어머니는 "절대로 가볼 수 없는 먼 서양에 있는 강이다." 하셨다. 볼가 강의 민요도 자주 부르셨다. '어기여차. 어기여차. 배를 끌어라. 어기여차.' 이런 노래였던 것 같다. 어머니가 부르던 강의 노래들은 아득함, 쓸쓸함 같은 것을 지니고 있었다. 그때 어머니의 가슴속에는 만날 수 없는 강에 대한 그리움이 자리하고 있었던 것일까. 나의 마음에도 강에 대한 그리움이 그때부터 시작되고 있었던 것일까.

그림엽서를 받았다. 세계여행을 하고 있는 어떤 사람에게서였다. 푸른 강과 아치형의 다리가 보였다. 드리나 강의 다리라고 하였다. 눈이 번쩍 뜨였다. 아치형 교각과 다리 밑을 흘러가는 푸른 강물, 내가 그리워하던 드리나 강이다.

나의 청춘시절, 청춘의 마음을 흔들고 있던 드리나 강의 모습이다. 또 한 장의 사진에는 다리 난간에 기댄 사람들이 손에 들고 있던 장미꽃을 강으로 던지고 있었다. 내전內戰 때 억울하게 희생된 사람들을 위로하기 위해 가족들이 바치는 꽃이라고 하였다.

남편이 그곳에 가기를 주저하는 이유를 알 것 같았다. 드리나 강을 사이에 두고 벌어지는 삶의 아픔을, 투쟁하고 대립하는 삶의 고통을, 마침내 학살로 이어지는 증오의 마음들을 알고 있는 드리나 강, 그래서 남편은 드리나 강을 슬픈 곳, 시끄러운 곳이라고 했던가. 그런 것의 흔적을 손자에게 보이고 싶지 않았던 것일까.

소설『드리나 강의 다리』를 내게 건네줄 때의 남편의 나이는 이십 대 후반, 호기롭고 당당하였다. 나는 그와 함께 드리나 강을 찾아가는 꿈을 꾸었고 낯선 땅, 낯선 물을 함께 바라보며 함께 감동하고 또 함께 돌아오는 그런 꿈을 꾸었다.

책을 펼친다. 종이가 누렇게 변하여 있고 활자도 매우 작다. 안표지에 쓰인 헌사도 희미하다. 아득한 지난날의 흔적 앞에서 나는 젊은 날의 남편의 모습을, 찻잔을 쥐고 있던 손의 힘을, 그가 뿜어내던 담배 연기의 흩어짐을 떠올린다. 향기로웠던 커피의 맛이며 그날 우리를 감미롭게 흔들고 있던 드뷔시의 월광곡 선율을 생각한다.

『드리나 강의 다리』를 다시 읽을 것이다. 햇살 좋은 창가에 앉아 돋보기를 끼고 책을 읽을 것이다. 그러다가 눈이 피곤하면 책을 들고 마당으로 나갈 것이다. 그리고 오래된 단풍나무 밑에 앉아 우리가 지어 올린 집을 올려다볼 것이다. 앞산에서 내려온 저녁 바람은 단풍나무를 흔들고 나의 옷자락도 흔들어 댈 것이다.

  그때쯤이면 하늘에는 별이 돋을 것이고 야간비행기 한 대도 떠있을 것이다. 비행기의 외로운 불빛을 보며 야간비행기의 승객이 되어 돌아다녔던 젊은 날의 분주함을, 그런 곳에서 만난 강이며 호수며 바다, 그 많은 물들을 생각할 것이다. 어쩌면 그 때 나는 드리나 강에 대한 그리움도 다시 한 번 슬쩍 떠올릴지도 모르겠다.

아르노 강 위에서

　다리의 중간쯤에서 걸음을 멈추었다. 다리 밑으로 흐린 강물이 흐르고 있다. 피사의 탑을 보고 돌아오는 길이다. 사탑斜塔 주위에 몰려있는 선물가게와 관광객의 시끄러운 소리들, 머리가 조금 아팠다. 탑 밑에 서서 "그래도 지구는 돌고 있다." 하고 외쳤던 갈릴레오 갈릴레이의 신념도 생각하고 육백 년 동안 기울어진 모습을 그대로 지탱하고 있는 탑의 집념도 생각하였다.
　차를 타지 않고 일부러 걸어서 강까지 왔다. 강변에 건설된 옛 건물들과 느리게 움직이고 있는 강의 흐름과 이질적인 서양 사람들의 모습과 언어들. 나는 지금 오래된 것, 느린 것, 낯선 것들에 둘러싸여 있다.

　서양 할머니들이 다리의 난관에 기대어 있다. 내 나이 또래인 것 같았다. 나는 불쑥 한국말로 "강의 이름이 무엇이요?" 하며 손으로 강을 가리켰다. 두 사람 중 한 사람이 "아르노, 아르노." 했다. 강의 이름인 것 같았다. 나의 한국말을 알아들었을까.

　이번에는 그가 내게 말을 하였다. 이태리 말이었다. 어느 나라에서 왔느냐고 묻는 것 같았다. 나는 "코리아." 하고 대답을 했다. "오, 코리아. 코리아." 하고 맞장구를 쳐준다. 그가 데리고 있는 강아지도 킹킹 짖어대었다. 한국말, 이태리말 사이에 강아지의 말도 끼어들었다.

　옆에 있던 다른 할머니가 비딱하게 기우는 시늉을 손으로 하며 내게 말을 건넨다. 피사의 사탑을 구경했느냐고 묻는 것 같았다. 독일말이었다. 나는 고개를 끄덕였다. 그는 또 "뮌헨, 취리히. 베로나," 하며 도시들의 이름을 들먹인다. 뮌헨에서 출발하여 이런 도시들을 지나 피사에 왔다는 뜻 같았다. 나도 그 도시들을 거쳐 이곳까지 왔다.

　독일 할머니가 강을 바라보며 "이자르, 리마트, 아디제" 하고 다시 말을 하였다. 이자르는 뮌헨에 있는 강의 이름이다. 또 리마트와 아디제는 취리히와 베로나 복판을 흐르고 있는 강이다.

나는 그 강들을 아침에 건너기도 하고 저녁에 바라보며 강물과 함께 어둠에 묻혀 가기도 하였다.

　서양의 강 이름을 듣고 있으니 갑자기 우리의 강들이 생각났다. 섬진강, 남강, 낙동강 등의 찬란한 물살이 눈앞에 솟아오른다. 나는 큰 소리로 서양 사람들 앞에서 우리의 강 이름을 불러 대었다. 하이마트라는 말도 끼어 넣었다. 그렇다. 섬진강, 남강, 낙동강은 고향 산야를 흘러가고 있는 강의 이름이다.

　나는 지금, 아르노 강의 흐린 물빛 위에서 한국의 청청한 강을 그리워하고 있다. 강의 빛남과 강가에서 누렸던 기쁨을 떠올리고 있다. 나의 생명을 형성시킨 강의 수질과 강의 흐름, 그 흐름 속에 담겨 있는 유구한 역사도 생각하고 있다.

　이태리 할머니가 손가락을 폈다 오므렸다 하며 쳐다본다. 나이를 묻는 것 같았다. 나도 손가락을 폈다 오므렸다 하며 나이의 숫자를 꼽아보였다. 독일 할머니도 그렇게 하였다. 독일 할머니의 나이가 가장 많았다. 하지만 붉은 윗옷과 귀걸이 목걸이로 치장을 한 그의 모습은 세 사람 중 제일 젊어 보였다.

　국적이 다른 세 할머니가 우연히 이태리의 아르노 강 위에서 만났다. 오다가다 만난 인연으로 함께 시간을 보내고 있다. 서로의 나라말로 의사를 표시하며 조국의 이름을 말하고 고향의 강들을 이야기하였다. 나이들도 드러내었다. 서로의 나이를 알게 된 우리는 "하하." 하고 웃음소리를 내었다. 쓸쓸한 웃음이었다. 그때, 이태리 할머니는 들고 있던 지팡이를 다시 고쳐 쥐었고 독일 할머니는 흰 머리카락을 손으로 쓸어 올렸다. 나는 불편한 왼쪽 무릎을 주먹으로 탁탁 쳤다.

이윽고 세 사람은 손을 잡고 헤어지는 인사를 나누었다. 각자의 나라말로 하였다. "자오." "비다 센." 하는 이태리말이나 독일말보다 "안녕." 하는 우리나라 말이 더 정겨운 것 같았다.

드디어 흩어졌다. 독일 할머니는 피사의 사탑이 있는 쪽으로 가고 이태리 할머니는 그대로 남아 있었다. 나는 토리노 행 열차를 타기 위해 역이 있는 방향으로 걸어갔다.

다리 끝에서 걸음을 멈추었다. 나의 생애에서 다시 만날 수 없는 아르노 강의 물빛을 한참동안 내려다보았다.

크렘스 강을 떠나다

저만치 크렘스 강이 보인다. 기차는 곧 강을 건너 다른 곳으로 갈 것이다. 자리에서 일어선 나는 차창 밖을 향해 손을 흔들었다. 언덕 위의 수도원과 거기 살고 있는 사람들을 향해 손을 흔들었다. 강 이쪽과 저쪽에 있는 둥근 수림樹林과 광활한 밀밭에게도 손을 흔들었다. "안녕" 하며 크렘스 강가의 모든 것들에게 이별의 인사를 하였다.

크렘스 강은 오랫동안 나의 의식 속에서 빛나고 있던 강의 이름이다. 강의 존재를 최초로 알게 된 것은 먼 지난날, 남편으로부터 받은 편지에서였다. "큰 가방을 들고 크렘스 강을 건너

수도원으로 갔소." 이런 글이 편지 속에 쓰여 있었다. 수도원을 찾아가는 이유도 적혀 있었다. 수도원장의 배려로 방학 때면 조용한 그곳에서 휴가도 보내고 공부도 할 것이라고 했다.

그때 알게 된 크렘스 강과 크렘스뮌스터 수도원, 마음속에 깊이 각인이 되었다. 그가 건너간 크렘스 강의 모습이며 물빛이 상상되고 그가 들고 간 큰 가방의 무거움이 나의 마음도 무겁게 하였다.

"수도승들이 바치는 새벽 기도 소리에 잠이 깨었소. 긴 회랑을 통해 들려오는 기도 소리는 천상의 소리 같았소." "수도원 대성당에서 미사에 참여하였소. 천사들의 조각상이 우리 아이들의 모습처럼 보였소." 이런 편지도 왔었다.

남편이 유학을 떠나던 날, 그를 태운 비행기는 멀리멀리 사라지고 곁에는 아이들만 남아있었다. 기다림의 육 년간, 산문을 쓰듯이 그에게 편지를 썼다. 자라는 아이들의 키와 몸, 손과 발, 뛰어가는 힘 같은 것을 그림을 그리듯이 상세하게 적어 보내었다.

귀국을 하고, 다시 객원 교수로 떠나고, 그때 동행한 나를 그가 제일 먼저 데리고 간 곳이 크렘스뮌스터 수도원이었다. 나를 이끌고 가던 그는 매우 의기양양해 있었다. "천이백 년 된 수도원을 봐라." "아름다운 크렘스 강을 봐라." 하며 들떠 있었다. 마치 그리운 고향을 찾아가는 것 같았다. 그날 나는 처음으로 크렘스 강을 보았고 처음으로 크렘스 강을 건넜다. 그리고 수도원의 높은 층계를 남편을 따라 올라갔다.

비엔나에서 린츠까지 급행열차로 두 시간, 린츠에서 여섯 개의 정거장을 지나야만 마침내 가닿는 산골 역, 그곳에 1200년의 역사를 지닌 오래된 수도원이 있었다. 수도원 문간에서 우리를 맞이해 주시던 앵겔베르트 신부님, 그리고 오토, 야콥, 안드레아, 알벨토 신부님. 남편과 그들은 내가 알아들을 수 없는 독일말로 재회의 기쁨을 나누었고 크렘스뮌스터 수도원과 나와의 인연은 그렇게 시작되었다

그후 우리는 서양에 올 때마다 크렘스 강을 건너 수도원으로 갔다. 성탄이나 부활 축일, 혹은 성신 강림의 축제를 보내기 위해, 아니면 1200주년 기념의 특별 행사에 참석하기 위해 수도원으로 갔었다.

이번 수도원 방문은 일곱 번째이다. 수도원에 머무는 동안 우리는 산속에 있는 아주 작고 고풍한 성당을 찾아가기도 하고 이 세상 한가운데 서 있다는 나무를 보러 서쪽 들판을 걸어가기도 하였다. 지난날에는 그 나무를 향해 달려가듯 빠르게 갔는데 이번에는 느릿느릿 걸어 나무 곁으로 갔다. 노목에 기대어

휴식을 취하였다.

　떠나기 전날, 크렘스 강으로 갔다. 크렘스 강은 넓고 깊은 강이 아니다. 강폭은 좁고 물도 얕았다. 강가에는 물속에 몸을 드리운 수초가 많았다. 작은 물고기들이 수초 사이를 들락거리며 놀고 있다. 물을 만져 보았다. 순하고 부드럽다. 이렇게 작고 순한 강이 왜 그렇게 나를 오래도록 사로잡고 있었을까.

　큰 가방을 들고 크렘스 강을 건너갔다는 남편의 편지가 왜 그렇게 나를 흔들어 대었을까. 크렘스 강과 크렘스뮌스터 수도원은 남편과 동일체가 되어 언제나 나를 손짓하고 있었던 것이 아니었을까.

　강을 건너온 바람이 물도 흔들고 나의 머리카락도 흔들어댄다. 그러다가 수도원 쪽을 향해 몰려간다. 성벽처럼 높고 견고한 수도원은 1200년의 신앙과 역사를 지키고 있는 듯 끄떡도 않는다.

　남편이 수도원의 어떤 창문을 가리키며 그가 거처했던 방이라고 일러준다. 깊은 밤까지 켜져 있었을 창문의 불빛, 불빛 아래 펼쳐져 있었을 두꺼운 책, 책 속에 함몰되어 있는 남편의 옆모습, 그 시절이 그의 삶의 황금기였을까. 수도승들의 기도 소리에 잠을 깨던 청아한 아침들, 그 시간이 영혼이 맑고 향기롭게 피어오르던 때가 아니었을까. 남편은 지금도 크렘스뮌스터 수도원과의 만남이 축복이었다는 말을 자주 한다.

　떠나는 날, 수도원 문을 나서기 전 성당으로 가서 이별의 기도를 드렸다. 우리 아이들을 닮았다는 천사의 조각상도 다시 바라보았다. 아이들은 지금 모두 어른이 되어있다.

　수도승들과도 헤어지는 인사를 하였다. "다시 만납시다." 하는 독일말의 인사, 지난날 우리는 이런 인사를 나누며 얼마나 많이 헤어지고 또 많이 만났던가. 그러나 그 만남이 이제는 불가능한 것임을 서로 잘 알고 있다.

　기차에 올랐다. 세 시간이 지나면 열차는 비엔나의 서부역에 도착할 것이고 우리는 닷새 후, 서양을 떠나 한국으로 돌아갈 것이다.

　열차가 크렘스 강을 건널 때 마음이 더욱 쓸쓸했던 것은, 그리고 크렘스 강의 모든 것들에게 긴 이별의 인사를 내가 했던 것은 다시 찾아 올 수 있는 우리의 힘과 시간, 그 한계를 아프게 자각하고 있었기 때문이다.

라인 강과 네카 강

　벽에 붙여 둔 사진 앞에서 자주 서성인다. 이 사진을 일부러 벽에 걸어두는 것은, 또 자주 바라보는 것은 사진 속에 있는 손자와 라인 강의 물 때문이다. 물빛 윗옷을 입고 푸른 모자를 쓰고 손자가 늠름하게 서있다. 배경에는 라인 강의 물과 절벽 위의 고성古城이 보인다. 필시 남편은 맞은편에 서서 손자를 미소롭게 바라보았을 것이고 나는 사진기의 셔터를 눌러대며 아이에게 "웃어라, 웃어라." 하고 소리쳤을 것이다.
　프랑크푸르트 도착 이튿날 일찍 숙소를 나섰다. 그때 남편은 하이델베르크 대학을 먼저 찾아가자고 했고 나는 라인 강

유람을 먼저 하자고 했다. 하이델베르크의 네카 강 물빛이 잠시 떠올랐지만 지난날에 경험한 라인 강의 선유를 빨리 또 하고 싶었던 것은 시도 때도 없이 솟아오르는 나의 조급증 때문일 것이다. 손자가 "라인 강으로 먼저 가요." 하며 내 편을 들어주었다.

마인쯔에서 배에 오르고 코블텐쯔에서 하선, 기차를 타고 라인 강변을 따라 하이델베르크로 가는 계획을 세웠다. 거대한 유람선에 오를 때 아이는 할아버지의 손을 잡고 나는 그들의 뒷모습을 보며 따라갔다. 배 위에는 관광객들로 붐비고 있었다. 산위의 고성古城, 산비탈의 포도밭, 강변의 집들, 우리는 이런 것들을 유유히 살피며 강을 따라 흘러갔다. 라인 강의 원류는 알프스의 빙원이다. 빙설이 녹은 물이 호수를 만들고 강을 만들었다.

라인 강의 물빛은 흐리고 물살도 흔들리지 않는다. 할아버지와 나란히 서있는 손자를 바라본다. 새해가 되면 아이는 중학교에 입학하고 입시를 위한 긴 공부가 시작될 것이다. 애처롭다. 아이는 여행길을 따라 나서며 "세계를 보는 눈을 기를 것이다." 하였다. 그렇다. 지금 손자는 세계를 보는 눈을 키우고 있다. 아이가 라인 강의 끝이 어디냐고 묻는다. 북구北歐의 바다라고 했더니 공부가 모두 끝나면 그곳에도 가보고 싶다고 하였다. 그 여행을 함께 가자고 초대를 한다. 하지만 나는 먼훗날, 이 세상에서의 나의 부재不在를 떠올리며 쓸쓸한 생각에 젖었다.

사십 대 초반, 그때 라인 강 유람을 한 적이 있다. 북구에서 돌아오는 길이었다. 배가 로렐라이 절벽 밑을 지날 때 로렐라이 노래가 흘러나왔고 선상의 사람들은 각각 자기나라 말로 노래를 부르기도 하였다. 우리도 학창 시절에 배운 그 노래를 한국말로 따라 불렀다. 그때 남편은 머리카락을 라인 강 바람에 멋있게 휘날렸고 나는 굽이 높은 구두를 신고 있었다.

아이가 또 물었다. 산 위의 고성들을 가리키며 왜 험준한 산 위에 성城을 쌓았을까. 왜 무너져 가는 성을 구경하기 위해 사람들이 모여들까 하였다. 견고하게 쌓아 올리는 것, 지키는 것, 그러나 언젠가는 무너져버리는 것, 그 허물어짐의 허망한 아름다움을 느끼기엔 아이의 나이는 아직 어리다.

코블렌쯔에서 유람선에서 내렸다. 배위에 남아있는 사람들이 손을 흔들어 주었다. 우리도 손을 흔들었다. 나는 넓고 길고 유장한 라인 강에게도 손을 흔들었다. 그리고 우리가 타고 온 유람선을 배경으로 사진 한 장도 찍었다. 사진 속에 라인 강 물도 담았다.

하이델베르크 행 열차에 올랐다. 남편은 젊은 날에 만났던 하이델베르크의 대학과 철학자의 숲과 거기 있는 휠드린의 시비詩碑와 고성古城 안에 있는 거대한 술통 이야기를 하였고 나는 그때 만났던 네카 강 물빛을 생각을 하고 있었다.

네카 강 곁에서 안개의 덫에 걸려 아무것도 분별할 수 없었던 기억, 갑자기 솟아오른 강의 물안개 때문에 산위의 고성이 순식간에 모습을 감추던 기억, 영화「황태자의 첫사랑」의 무대가 되었던 대학 옆의 주점, 그 술집 벽에 남아 있던 감미로운 사랑의 낙서들을 떠올리고 있었다.

어쩌면 우리는 젊은 날에 만났던 라인 강과 네카 강의 추억을 찾아 손자를 데리고 다시 이곳에 왔는지도 모르겠다.

첨벙 첨벙 강을 건넜다

 알로이시오 신부님과 남편과 나, 세 사람이 함께 길을 갔다. 신부님이 산 위에 직접 설치해 놓은 십자가를 보러가는 길이다.
 며칠 전부터 스타이너 킬케 산골에 있는 베네딕도 수녀원에 머물고 있다. 유능하고 아름다운 마르타 수녀님과 노老 수녀님들의 따뜻한 시선, 고요한 분위기가 우리를 편안하게 해 준다.
 수녀원에 머무는 동안 수녀원 밖으로 자주 산책을 나갔다. 수선거리고 있는 옥수수밭 사잇길도 걸어가고 수녀원의 긴 담을 따라 호두나무 밑으로 가기도 했다.
 어느 오후, 중년의 남자가 우리 앞으로 다가와 인사를 청한다. 그는 옛날부터 남편을 알고 있다고 하며 이곳 성당의 주임 신부라고 했다. 오래 전 크렘스뮌스타 수도원에서 신학생으로 있을 때 방학 때마다 수도원을 찾아오던 남편을 이미 알고 있었다고 했다.

두 사람은 손을 마주잡고 악수를 하였다. 신부님은 나를 가만히 보고 계셨다. 남편이 눈짓을 한다. 신부님에게 먼저 손을 내밀라는 뜻이다. 이곳에서는 남자가 여자에게 먼저 손을 내밀면 실례이며 여자가 먼저 악수를 청한다는 것은 삼대상을 신사로 인정한다는 뜻이 포함되어 있다고 한다. 내가 먼저 손을 내밀었다. 우리는 그렇게 악수를 하였다. 큰 손, 우렁우렁한 음성, 성격이 조금 급해 보였다.

그날 밤, 신부님은 우리를 사제관으로 초대했다. 현관에 들어서니 오일 냄새가 났다. 문을 열었다. 방안 가득 그림이 있었다. 신부님이 직접 그린 것이라고 했다. 사실적인 그림이 아니었다. 종횡의 선, 분방한 구도, 찬란한 색채 등 신부님의 내면의 열정이 엿보인다.

다음날 그가 집전하는 주일 미사에 참여했고, 미사 후 성당 마당에서 교우들에게 우리를 소개하였다. 그리고 동네사람이 모이는 주점으로 데리고 가 또 우리를 소개했다. 그때도 나는 그곳 남자들에게 손을 먼저 내밀었다. 원탁에 둘러앉아 포도주를 함께 마시었다. 돌아올 때 다음 날의 일정을 신부님이 물었다. 린츠로 가서 비엔나 행 열차를 탈 것이라고 했다. 신부님은 린츠까지 자기 차로 우리를 데려다 주겠다고 하며 가는 길에 신부님이 산속에 설치해 둔 십자가를 보러가자고 하였다.

지금 우리는 그 길을 가고 있다. 신부님은 산골 마을 사람들을 만날 때마다 '그리스 곳드' 하며 인사를 하였다. 하느님 찬미라는 뜻이다. 등이 굽은 노인의 어깨도 안아주고 달려가는 아이의 손을 잡아 주기도 하신다. 버찌나무 밑에서 빨래를 널고 있는 여자들에게도 손을 흔들었다. 신부님의 따뜻한 마음이 엿보였다.

타고 온 자동차는 동네 앞에 세워두고 우리는 들판도 지나고 숲길도 지나고 산길도 지났다. 앞에서 걸어가시던 신부님이 갑자기 걸음을 멈추었다. 강이 가로놓여 있다. 신부님이 신발도 벗고 양말도 벗고 강물 속으로 들어갔다. 첨벙 첨벙 소리를 내며 강을 건넜다. 우리도 신발과 양말을 벗고 첨벙 첨벙 강을 건넜다. 깊은 강이 아니다. 신부님의 긴 수단자락이 강물에 닿았다. 나의 치마 끝도 강물에 닿았다. 남편의 바바리코트도 닿았다. 우리는 그렇게 첨벙 첨벙 소리를 내며 강을 건넜다.

강둑에 앉아 젖은 옷, 젖은 발을 햇볕에 말리었다. 그때 신부님은 사제가 된 동기, 찾아가고 있는 아름다운 산과의 관계, 깊은 산 속에 십자가를 세운 이유도 말씀해 주셨다. 나는 벗은 발을 노출한 채 신부님의 말을 들었다. 높고 먼 산에서 시작된 물이 우리 앞을 지나가고 있다. 내가 첨벙 첨벙 소리를 내며 건너온 강물은 다른 세계로 나아가며 더욱 깊고 넓은 강이 될 것이다.

산정에 닿았다. 우뚝 서 있는 십자가가 보였다. 신부님은 십자가 앞에서 오래 서 있었다. 우리도 그렇게 하였다. 먼 산에는 아직 눈이 얹혀 있다. 산중의 공기는 청량하고 상쾌했다. 풀밭에 피어 있는 풀꽃들, 숲에서 들려오는 새소리, 바람소리, 신부님의 흔들리는 옷자락, 우리는 산의 한 부분처럼 십자가 곁에 서 있었다. 신부님도 큰 키, 큰 몸, 큰 음성이 지니고 있는 큰 열정을 감추고 십자가의 한 부분처럼 서 있었다. 십자가는 천년이고 만년이고 산속에 서서 신부님의 정신을 지켜줄 것이다.

그날 오후, 우리는 린츠 역에서 헤어졌고, 나는 산 위의 십자가와 신부님에 대한 글을 써 보고 싶은 열망을 갖고 비엔나 행 열차에 몸을 실었다.

오막살이 집 한 채

마당 | 빨간 산수유 열매 한 움큼 | 붕어빵을 찾아서
접시꽃과 장화 | 새를 보다 | 수수밭 사이로
오막살이 집 한 채 | 꽃무늬 블라우스

마당

　백일홍이 피었다. 꽃 곁으로 갔다. 현관에서 백일홍까지는 12미터 정도, 햇볕이 무서워 양산을 쓰고 갔다. 꽃 곁에 머문 시간은 5분도 채 되지 않았다. 나는 "백일 동안이나 꽃을 피우다니 의지가 대단하다." 하며 칭찬을 했다. 그 말 한마디를 남기고 단풍나무 그늘로 와 버렸다. 그렇게 햇볕이 무서웠다.
　해거름 때, 다시 백일홍을 찾아갔다. 해가 지면 극성을 부리는 모기떼가 겁이 나서 이번에는 소매가 긴 블라우스와 바지를 입고 갔다. 나무를 조금만 만져도 오소소 떨며 간지럼을 타는 백일홍을 두고 흔히 간지럼나무라고도 한다. 나는 나무를 간질

여대며 장난을 쳤다. 하지만 모기 소리에 얼른 집안으로 들어와 버렸다. 풀숲에서 고개를 내밀고 있는 달개비풀이며 분꽃을 본 체만체 하였다. 그렇게 모기가 겁이 났다.

장마가 시작되었다. 온갖 풀들이 기를 쓰고 솟아난다. 호박넝쿨이며 나팔꽃도 엉뚱하게 목련나무를 감고 오른다. 벽오동 새끼도 석류나무에 딱 붙어있다. 온 마당이 푸르고 싱싱하지만 무질서하다. 갑자기 풀의 세력이 두려워진다. 내가 이루어 놓은 질서를 파괴해 버릴 것 같아 걱정이 된다. 잡초들의 성장을 부추기는 빗줄기가 원수 같은 마음이 든다. 비가 그치고 뜨거운 태양이 어서 나오기를 갈망한다.

가뭄이 들면 빨리 비가 내려 물기 없는 마당을 파랗게 살려 주었으면, 또 장마가 시작되면 빨리 뜨거운 햇볕이 내리쬐어 풀들의 왕성한 생명력을 억제해 주었으면 하고 바란다. 그러고 보니 우리 집 마당은 나의 변덕 때문에 어느 장단에 춤을 추어야 할지 정신을 못 차릴 것 같다.

고추 밭에서 고추를 따고 있었다. 일곱 개쯤 땄을 때, 어떤 물체가 획 지나갔다. 서쪽에서 동쪽으로 갔다. 도둑고양이였다. 서쪽 담 밑에는 목련나무와 참죽나무가 있다. 이런 나무 밑에 도둑고양이가 살고 있었던 것일까. 동쪽에는 은목서, 매화, 산딸나무가 있다. 사랑하는 나무들이다. 동쪽으로 달려간 도둑고양이는 내가 애지중지하며 키우고 있는 나무 밑으로 숨어버렸다. 나는 고양이를 쫓아내기 위해 손에 돌멩이 하나를 집어 들었다.

우리 집 마당에 거처를 정하고 있는 것은 도둑고양이뿐 아니다. 산수유 등걸에 붙어있는 매미며 나무 가지마다 쳐 있는 명주실 같은 거미줄에도 거미가 살고 있다. 풀벌레 소리도 들린다. 필시 벌레들은 바위 밑에 땅을 파고 들어가 있을 것이다.

날아다니는 잠자리며 나비도 있다. 모기와 날파리와 개미 떼도 있다. 시도 때도 없이 마당에 내려앉는 참새와 비둘기도 있다. 이것들은 우리 집을 제집처럼 들락거리고 있다. 맴맴 노래를 부르고, 풀숲 밑으로 기어가고, 땅속에 집을 짓고, 날개를 퍼덕이며 하늘로 솟아오르고, 이렇게 제멋대로 살고 있다.

우리 집 가족 보다 많은 숫자에 압도당한다. 나는 마침내 말하였다. "그래, 마음대로 살아봐라." "거리낌 없이 살아봐라." "한판 신명나게 살아봐라." 이런 말을 선심을 베풀듯이 하였다. 하지만 나의 손에는 여전히 도둑고양이를 쫓아낼 돌이 쥐어져 있다.

뜨거운 날이 시작되었다. 더위를 피하여 집안에만 있다. 쉬는 일, 먹는 일만 하고 있다. 한여름이 되자 마당에는 풀이 우묵 장승처럼 솟아올랐다. 잡초를 뽑기 위해 마당으로 나갔다. 먼저 꽃밭으로 갔다. 풀에 가리어 비비추도 사랑초도 보이지 않는다. 달개비풀, 강아지풀, 명아주만이 건들거리고 있다. 나는 "너희들이 꽃이니." 하며 사정없이 뽑아버렸다. 옥매화 밑에도 풀이 수북하다. 이번에는 호미를 들고 달려들었다. 소루쟁이, 자리공이 나무처럼 자라나 있다. 나는 또 "풀 주제에 옥매화와 키를 견주다니." 하며 와락 뽑았다.

다음에는 소나무 곁으로 갔다. 맏손자의 초등학교 입학 기념으로 심은 나무이다. 지금은 고등학교 2학년인 손자의 키보다 더 크다. 소나무 둘레에 있는 쑥부쟁이, 망초 등의 풀들을 뽑아 내었다. 이번에는 풀들에게 욕을 하지 않았다. 다만 손자를 바라보듯이 소나무의 청청한 모습을 웃으며 올려다보았다.

작약밭으로 걸음을 옮겼다. 윙하는 모기 소리가 났다. 얼굴과 손등을 물었다. 힘을 뽐내며 풀을 공격하던 내가 그만 모기의 공격 대상이 되었다. 쥐고 있던 호미를 던지고 쏜살같이 집안으로 도망을 쳤다. 잔디밭은 손도 대지 못하였다. 잔디 사이사이에도 쇠비름, 참비름, 질경이 등이 진을 치고 있을 것이다.

모기에게 물린 곳이 몹시 가려웠다. 손으로 긁어대며 '가을바람이 불어오면 모기와 잡초들이 모두 죽어버릴 것이다. 그때를 기다리자.' 하고 마음을 먹었다. 살아 있는 생명이 죽어버리는 것을 고대하는 마음, 잔인하다.

　문득 나도 푸른 나무와 나란히 서서 나무의 젊은 기운을 몸속에 채워 넣었으면, 풀 곁에서 잡초들의 무성한 생명력을 나도 몸속에 받아 보았으면 하였다. 그렇게 나무와 풀들의 강인함이 탐이 났다.

　그때 누군가가 나를 본다면 "욕심쟁이 사람 풀 한 포기도 솟아 있네." 할 것이다.

빨간 산수유 열매 한 움큼

춥다. 그리고 지루하다. 몇 차례 눈이 내렸지만 봄은 아직 멀다. 덧옷을 입고 뜰에 내려선다. 오늘 내가 칩거의 문을 열고 밖으로 나온 것은 마른 나무에 도사리고 있을 봄의 징조를 살펴보기 위해서이다.

마당에는 지나간 계절의 풍성했던 흔적은 아무 것도 없다. 모든 것이 비어 있고 모든 것이 가만히 있다. 바람이 없으면 나무들도 몸을 흔들지 않는다. 적막하다. 채전으로 갔다. 고추나무의 마른 대궁과 배추 뿌리가 묻혀있던 땅도 꽁꽁 얼어있다. 참새 떼만 우우 왔다가 날아가 버린다. 우리 곁에 머물고 있는 것은 벗은 나무와 시든 풀잎밖에 없다.

　잔설殘雪이 남아 있다. 잿빛 땅과 잿빛 나무와 잿빛 하늘, 그리고 흰 눈, 모두 무채색이다. 하지만 흰 눈은 눈부시고 순결하다. 눈 위에 올라섰다. 흰 눈 위에 서 있는 여자, 나도 눈처럼 빛이 날까. 깨끗해질까. 눈을 밟았다. 뽀독뽀독 소리가 났다. 걸어가는 내 앞에 나무가 막아선다. 산수유나무이다.

　나무를 올려다본다. 끝이 높다. 어느새 이만큼 컸을까. 나무 가지에 빨간 열매가 달려있다. 불씨 같다. 불씨 하나가 가슴속에서 살아난다. 산수유나무를 심은 둘째 아들의 얼굴이 떠오른다. 아이가 아직 중학생이었을 때 마당을 넓혔다. 우리는 넓은 땅에 심을 나무들을 찾아 헤매고 다녔다.

　어느 봄날, 아이가 나무 한 그루를 깃발처럼 흔들며 대문 안으로 들어섰다. 길가에 있는 임자 없는 나무를 뽑아왔다고 했다. 그날부터 우리는 그 나무의 임자가 되었다. 처음에는 나무의 이름이 무엇인지 몰랐다. 이름은 알 수 없었지만 엄마를 기쁘게 해주려는 아이의 마음이 고마웠다. 땅에 뿌리를 묻었다. 그리고 아이도 자라고 나무도 자랐다. 봄이 오면 제일 먼저 노란 꽃을 피웠다. 사람들은 산수유나무라고도 하고 생강나무라고도 하였다. 산수유나무였다.

봄이면 꽃이 피고 가을이면 열매를 맺고 이렇게 네 번을 되풀이 한 후 아이는 우리 곁을 떠났다. 공부를 하러 서울로 갔다. 나는 자주 산수유나무 곁에 서서 타관살이 하는 아이를 그리워하였고 나무는 혼자 키가 쑥쑥 커갔다. 우리 집에서 키가 제일 큰 나무가 되었다. 산수유나무가 거목이 된 것처럼 이제 아들도 장년의 나이가 되었다.

나무의 몸을 손으로 흔들어 본다. 꿈쩍도 하지 않는다. 강인한 힘이 느껴졌다. 하지만 내가 흔들어대는데도 그대로 버티고 있는 나무, 조금 섭섭한 생각이 들었다.

요사인 자주 섭섭한 마음이 들고 위로받고 싶은 마음이 든다. 오늘 아침에도 잠에서 깨어나며 제일 먼저 벽에 걸린 달력을 보았다. 설날 위에 표시해 둔 동그라미를 손으로 꼽아 보았다. 스무 날이 남았다. 나는 스무 날, 스무 날 하며 자리에서 일어났고 스무 날, 스무 날 하며 마당에 내려섰다. 하늘을 볼 때도 스무 날, 스무 날 하며 설날에 모여들 자식들을 생각하였다.

산수유 밑에 서서 나무의 끝을 올려다보았다가 고개를 숙여 뿌리가 묻힌 땅을 보았다가 했다. 문득 눈 속에 묻혀 있는 빨간 열매가 눈에 뜨였다. 몸을 굽혀 열매를 주웠다. 불씨를 줍고 있는 것 같았다. 눈을 헤집으며 계속 열매를 주웠다. 목에 두른 수건이 흘러내리는 것도, 주머니 안에서 울리고 있는 전화 소리에도 아랑곳하지 않고 열매를 주웠다. 나는 "아, 이렇게 영롱한 빛이 눈 속에 묻혀 있었다니." "나무에서 분리되어 혼자 추위를 견디고 있었다니." 하였다

열매 한 움큼을 손에 쥐고 일어섰다. 그늘진 음달을 빠르게 떠나 햇살 속으로 들어섰다. 더운 김이 솟는 것 같았다. 마음도 따뜻해지고 산수유 열매를 쥐고 있는 손도 따뜻해졌다.

겨울을 견디고 있는 땅 위의 모든 것이 위대해 보였다. 차가운 바람과 눈 속에서도 영롱한 빛을 지키고 있는 산수유 열매도 위대해 보였다. 아들이 심은 산수유나무는 더욱 위대해 보였다.

빨간 산수유 열매 한 움큼을 햇살 속으로 들어올렸다. 작고 둥근 산수유 열매 안에는 어린 새끼나무를 깃발처럼 흔들며 내게 달려오던 아이의 마음도 들어있고 아이를 맞이하던 나의 기쁨도 들어있다. 우리가 흘려보낸 세월의 길이도 들어있다.

붕어빵을 찾아서

　배가 고팠다. 먹을 것을 찾아 두리번거렸다. 식당들이 즐비했지만 혼자 문을 밀치고 들어갈 용기가 없었다. '간단하게 요기를 하자.' 하는 마음이 들었다. 며칠 전에 사먹은 붕어빵 생각이 났다. 그쪽으로 걸어갔다.
　붕어빵을 처음 만나던 날, 나는 병원에 다녀오는 길이었다. 의사가 모든 것이 정상입니다 하였다. 의사의 말이 기분 좋았다. 휘파람을 부는 기분으로 길을 걸어갔었다. 그때 눈에 뜨인 붕어빵, 주인인 남자와 여자는 매우 젊어 보였다. 빵을 굽는 기계도 새것이었다. 등에 업힌 아이도 작고 어렸다. 싱싱한 기운이 그들을 둘러싸고 있었다.

남자와 여자는 모자를 깊숙이 쓰고 있다. 나는 "모자를 벗으세요. 얼굴을 당당하게 드러내세요." 하며 새 힘의 넘침, 새 날의 희망, 새 정신의 깨끗함 등을 말해주고 싶었지만 "붕어의 모양이 참 예쁘네요." 이런 말만 하며 아이의 손을 잡아 주었다. 고사리 같은 손이 봄 싹처럼 말랑말랑 하였다.

붕어빵 여덟 개를 샀다. 그 자리에서 세 개를 먹었다. 빵 속의 팥고물을 꺼내어 제비 입 같은 아이의 입에도 넣어주었다. 옆에 있는 미나리 장사와 마늘을 까서 팔고 있는 여자에게도 두 개씩 나눠 주었다. 남은 빵 한 개는 집으로 돌아오며 길에서 질경질경 먹었다. 나는 부끄러움이 없는 나이가 되어 있었다.

그날의 붕어빵을 생각하며 걸어갔다. 붕어빵의 입과 꼬리도 생각하고 여자가 등에 업고 있을 아이의 무거움도 생각하고 하루벌이의 돈, 그 액수도 짐작해보며 찾아가고 있었다.

방금 은행에서 나왔다. 통장의 잔고를 본 직원이 나를 붙들었다. 돈을 그대로 두지 말고 정기예금을 하라고 권하였다. 십 년 후면 목돈을 만질 수 있다고 했다. 십 년 후에 손에 쥐어질 돈다발, 잠시 돈의 위력도 생각하고 십 년의 길이도 생각했다. 머리를 설레설레 흔들었다. 지금 내게 필요한 것은 십 년 후에

만져 볼 돈다발이 아니고 배고픔을 면해 줄 붕어빵 세 개 정도이다.

그들이 보이지 않는다. 그늘을 만들어 주던 버짐나무만 혼자서 있었다. 마늘을 까서 팔고 있는 여자가 붕어빵 장사는 단속반에 걸려 쫓겨났다고 했다. 자기도 마늘 보따리를 들고 도망을 쳤다가 다시 돌아왔다고 했다. 미나리 장사도 그렇게 말했다. 마늘 장사는 붕어빵 남자가 다시 올 것이라 했고 미나리 장사는 가게 한 칸 없이 쫓겨 다니는 신세를 한탄하며 붕어빵 장사를 때려 치웠는지도 모른다고 했다.

나는 아무 말도 하지 않았다. 젊은 부부가 포부를 가지고 창업한 가난한 사업체와 아직 때가 묻지 않은 빵 굽는 새 기계의 깨끗함과 모자 밑으로 감추고 있던 수줍은 눈매들을 떠올렸다. 그리고 그들의 분노도.

어디로 갔을까. 골목 안도 기웃거려보고 높은 빌딩 뒤쪽의 빈 땅도 살펴보았다. 마늘 장사가 말했다. 쫓겨 다니다 보면 골병은 들겠지만 세월이 지나면 차츰 뻔뻔한 마음도 생기고 도망가는 요령도 배울 것이라고 했다. 뻔뻔한 마음, 도망치는 요령을 터득하면서 마침내 세상의 때를 묻혀 갈 붕어빵 장사, 쓸쓸한 마음이 들었다.

마늘 까는 여자가 붕어빵 장사가 돌아오면 자기가 한 턱 내겠다고 한다. 미나리 장사도 한 턱 쏘겠다고 했다. 내게 얻어먹은 붕어빵 두 개를 갚음하려는 것 같았다. 우리는 "하하", 하고 웃었다. 붕어빵 장사의 행방에 대한 염려를 웃음 뒤에 감추고 있었다.

마늘 장사가 물건을 챙겼다. 집이 멀기 때문에 버스를 타고 간다고 했다. 왜 먼 곳까지 와서 장사를 하느냐고 물었더니 집 가까운 곳에서 하면 자식들 체면이 깎인다고 하였다. 집에 갈 때는 콩기름 한 병과 간고등어 한 손을 사가지고 갈 것이라 했다. 며느리가 좋아할 것이라고 말했다. 손톱 밑이 헐도록 마늘을 까서 번 돈으로 며느리가 좋아할 것들을 사가지고 집으로 돌아가려는 것 같았다.

미나리 장사는 붕어빵 삼천 원어치만 사가지고 가면 손자들이 좋아할 텐데 하며 아쉬워했다. 자손들의 눈치를 보고 있는 그들의 삶, 서글픈 마음이 들었다. 나는 깐 마늘 두 봉지와 미나리 한 단을 샀다.

돌아오는 길, 다시 배가 고팠다. 붕어빵의 달콤한 맛, 마늘을 찧어 넣은 미나리 나물의 감칠맛을 생각하였다. 머릿속에 제일 오래 남아있는 것이 붕어빵 장사의 행방이었다. 그들은 지금 어디 있을까.

 머지않아 가을, 나뭇잎이 떨어지는 그런 황량한 날에 붕어빵 장사는 돌아올 것인가, 아니면 영영 모습을 감추고 말 것인가. 또 아니면 먼 후일, 번창한 사업체의 주인이 되어 뽐내듯이 이 거리에 나타날 것인가.

 보고 싶다. 붕어빵 장사가 버짐나무 밑으로 다시 돌아오는 날, 마늘 까는 여자의 함박웃음을, 길거리에 우렁거릴 미나리 장사의 투박한 환영의 말을 듣고 싶다. 그리고 붕어빵 장사의 수지운 얼굴도.

 어쩌면 그는 조금은 눈빛이 깊어져 있을지도 모르겠다. 그는 이미 쫓기는 자의 고통을, 가난한 자의 비애를 알고 있기 때문일 것이다. 그때쯤이면 버짐나무 가지 사이로 더욱 많은 햇살이 붕어빵 장사의 어깨 위로 쏟아져 내릴 것이다. 그것이 축복일까.

 드디어 우리 집 대문 안으로 들어섰다. 손에 들고 있는 깐 마늘의 냄새와 미나리 한 단의 풋내가 미각을 자극하고 나는 다시 맹렬하게 배가 고팠다.

접시꽃과 장화

　지난여름, 그 무덥고 뜨겁던 날, 접시꽃이 죽어버렸다. 내가 더위를 피하여 산과 그늘을 찾아다니고 있는 동안, 차가운 냉수를 벌컥벌컥 마셔대며 시원하게 살고 있는 동안, 접시꽃은 혼자 목이 말라 죽고 말았다. 나는 미안하여 접시꽃이 살고 있었던 담 밑을 바라볼 수가 없었다.

　접시꽃은 한 달 전에 우리 집으로 왔다. 그날 우리는 수몰을 앞둔 마을을 보러 갔었다. 텅 빈 동네를 어슬렁거렸다. 밀려올 물을 두려워하고 있는 듯 모든 것이 깊은 적막에 묻혀 있었다. 어쩌다 만나는 사람들도 무언가를 손에 들고 허둥대며 동네 밖으로 나가고 있었다. 작은 단지며 밥상이며 양은그릇 같은 손때가 묻은 살림살이들과 함께 쫓겨나듯이 떠나고 있었다.

어떤 남자가 검은 장화를 들고 대문간에 서 있다. 무언가에 화가 나 있는 듯 흙을 싣고 가는 덤프트럭이며 산을 무너뜨리고 있는 포클레인을 향해 삿대질을 하며 팔을 움직이고 있었다. 그때마다 손에 들고 있는 장화가 이리저리 흔들리었다.

빈 집에서였다. 부서진 담장 사이로 꽃이 보였다. 접시꽃이었다. 텅 빈 집에 혼자 남겨진 접시꽃의 신세, 머지않아 물속으로 가라앉을 신세, 그런 자신의 운명도 모르고 혼자 웃고 있는 둥근 접시꽃, 가여웠다. 나는 접시꽃에게 말하였다. "함께 우리 집으로 가자."

나를 따라 온 접시꽃을 동쪽 담 밑에 심었다. 이미 자리를 잡고 있는 화초들에게 접시꽃을 소개하였다. "깊은 산골에서 왔단다. 오래된 신라의 고찰, 인각사 옆에서 왔단다. 깊은 물속에 파묻힐 신세였는데 내가 거두어 왔단다. 재수가 좋은 꽃이란다." 하며 생색을 내었다.

마당에는 피고 지는 꽃들로 가득하다. 우리 집에 합류한 접시꽃도 붉은 빛을 뿜어내며 자기의 사명을 다하고 있다. 태어난 고향을 잊어버린 듯 웃고만 있었다.

접시꽃을 볼 때마다 수몰지구의 산천이 생각났다. 텅 빈 동네의 적요와 그 적요 속에 남아있던 버려진 집과 좁은 골목들이 생각났다. 파괴의 소리를 들으며 슬픈 표정을 짓고 있던 남자와 그가 손에 들고 있던 검은 장화가 떠올랐다.

그는 필시 살림살이의 도구들을 챙겨 보내고 빈 집으로 다시 들어갔을 것이다. 마지막으로 방, 마루, 부엌을 둘러보는 그의 눈에 축담 밑에 엎디어 있는 장화가 뜨였을 것이다. 비오는 날, 장화를 신고 첨벙거리며 들어서던 도랑물이며 질퍽이던 논두렁이 생각났을 것이다. 그는 축축한 날들의 기억을 보듬듯 검은 장화를 소중하게 들어 올렸을 것이다.

어쩌면 그는 밀려온 물이 온 땅을 휘덮을 그날, 검은 장화를 신고 고향을 삼키고 있는 원수 같은 물을 밟아보려고 했던 것이 아니었을까. 뚜벅뚜벅 발걸음 소리를 내며 서러운 물속으로 한번 들어가 보려고 했던 것이 아닐까. 긴 장화를 신은 두 발을 물에 담그고 정든 산천이 물 밑으로 가라앉는 모습을 하염없이 바라보려고 했던 것이 아닐까. 통곡 같은 울음을 물 위에 뿌려보려고 했던 것이 아니었을까.

나는 생각하였다. 봄이 오면 새로 돋아나는 접시꽃 한 포기를 들고 가서 물에 잠기지 않고 남아있는 땅에 심어주자, 호숫가의 언덕에서 해마다 피고 지며 물속에 파묻힌 그리운 것들을 생각하게 하자. 물속에 수장된 것들이 뿜어내는 물을 마시게 하자, 이런 생각을 하였다. 그러나 지금 접시꽃은 죽고 없다. 차라리 접시꽃도 다른 것들과 함께 물속의 삶을 살게 할 것을, 후회가 된다.

무너진 담 밑에서 혼자 방긋방긋 웃고 있던 접시꽃의 의미, 어쩌면 그 웃음은 이 세상에서 영원히 모습을 감출 산과 들, 거기 살고 있었던 존재들이 보여주는 마지막 작별의 인사가 아니었을까. 불가항력의 힘 앞에서 속수무책으로 밀려나야 하는 약한 것들의 순한 표현이 아니었을까.

접시꽃의 진분홍 빛깔이, 작은 접시를 닮은 둥근 모습이 눈앞으로 왔다 갔다 한다. 접시꽃의 목마른 생애가 마음을 아프게 한다. 접시꽃의 주인처럼 행세했던 나의 오만이 나를 부끄럽게 한다. 검은 장화를 들고 먼 산천을 보고 있던 남자의 쓸쓸한 모습이 나를 슬프게 한다.

마지막 사명을 다하며 꽃을 피우고 있던 초목들의 모습이 떠오른다. 강가에 서있던 비오동나무의 보랏빛 꽃이며 밭두렁 위에 무리지어 있던 흰 싸리꽃, 신작로 비탈에서 향기를 뿜어대던 들찔레 덤불이 눈에 어른거린다. 그 빛, 그 향기는 이제 세상에 없다.

 비어있는 동쪽 담 밑의 땅, 접시꽃이 살고 있었던 그 땅은 좀 더 오래 비워 두어야 할 것 같다. 물속에 가라앉은 생명들의 이야기, 땅 위에서 이루어졌던 사람들의 이야기, 마침내 그 장엄한 내력들을 하루아침에 수장시켜 버린 비정한 물의 이야기는 죽어버린 접시꽃 외에는 그 어떤 꽃도 증명해 보일 수 없기 때문이다.

새를 보다

　곡식을 지키고 있다. 도둑을 지키고 있는 것이 아니고 곡식에 달려들 새를 지키고 있다. 물에 씻어 건진 곡식이 햇볕에 바짝 마르려면 삼사일이 걸린다. 해마다 봄, 가을이 되면 이 일을 하고 있다. 십 년이 넘게 연중행사처럼 하고 있다.
　가족이 아침마다 잡곡 죽을 먹는다. 마른 곡식을 방앗간에 갖고 가서 가루로 빻은 후 죽을 끓인다. 빻은 곡식 가루에 들깨가루 조금, 다시마가루 조금, 흰 소금을 조금 넣고 함께 끓이면 구수한 잡곡 죽이 된다. 죽 한 사발, 김치 한 보시기, 맹물 한 컵이면 아침 식사는 끝이 난다. 편하고 간단하다.

며칠 동안 시골 장을 돌아다녔다. 오일장을 향해 장돌뱅이처럼 곳곳을 찾아갔다. 내가 산골 장을 헤매는 것은 수입품이 아닌 우리의 토종을 만나기 위해서이다. 우리 땅에서 자란 곡식들로 식구들이 먹을 음식을 만들기 위해서이다.

나는 내가 맡은 소임이 참 즐겁다. 쌀, 보리, 흰 콩, 검은 콩, 조, 수수, 찹쌀, 현미, 율무 등 아홉 가지 곡식 곁에서 하루를 보내고 있다. 땅에서 싹이 나오고 키가 크고 꽃이 피고 열매를 맺고 마침내 익은 곡식들은 생명의 줄에서 분리되어 사람들 곁으로 온다.

대문을 흔드는 소리가 들린다. 문밖에 낯익은 여자가 서 있다. 작년 가을, 시외버스 정류장에서 알게 된 여자이다. 그날 나는 그에게서 참깨도 사고 들깨도 샀다. 딸네 집에 올 때마다 곡식을 팔아 여비에도 보태고 손자들에게 용돈도 준다고 하였다. 마침 딸네집이 우리 집 가까운 안지랑골에 있다. 딸네 집에 올 때면 몇 가지 곡식을 갖고 와서 내게 팔곤 한다.

집안으로 들어선 그는 마당에 널린 곡식과 내가 들고 있는 긴 작대기를 보더니 "새를 보고 있었네." 하였다. 그리고 콩도 깨물어 보고 율무도 만져보고 수수도 비벼보더니 모두 진짜들이군 한다. 기분이 좋았다. 나의 안목이 농부인 그에게서 인정을 받은 셈이다. 우리는 나란히 앉아 함께 새를 보았다. 새를 보는 틈틈이 살아온 이야기, 살아갈 이야기를 많이 하였다.

　어린 시절이 생각났다. 아버지의 직장을 따라 산골에서 살았다. 벼가 익을 때쯤이면 아이들은 자주 새를 보러 간다고 하였다. 왜 새를 쫓으러 간다고 하지 않고 새를 보러 간다고 하는지 의아한 생각이 들었다. 그때의 의문이 되살아나서 여자에게 물었다.

　"아, 참새의 작은 몸이 먹으면 얼마나 먹겠어요. 참새처럼 가슴이 팔딱인다는 말이 있듯이 참새는 간이 작아 사람이 보고만 있어도 겁을 내지요. 허수아비를 논에 세우는 것도 그 때문이지요. 그래서 새를 보러 간다고 말하지요." 한다. 덧붙여서 "참새들이 떼를 지어 하늘을 날아다니던 그때가 좋았어요. 지금은 농약 때문에 메뚜기도 없고 논고동도 없어요. 참새도 적어졌어요." 했다.

　그의 이야기를 듣고 있으니 산골 아이들을 따라 새를 보러 갔던 기억이 난다. 좁은 논두렁을 뛰어갔던 기억, 논두렁에 퍼질고 앉아 허수아비처럼 몸을 흔들어대던 기억이 난다.

　그때 내가 본 것은 참새 떼만이 아니었다. 먼 산도 보고 먼 들도 보고 먼 동네도 보았다. 소를 몰고 가는 농부들도 보았다.

누런 들판은 끝이 없었고 가을바람은 넓은 들을 휘저으며 지나가고 새들은 떼를 지어 하늘로 날아오르고, 그때의 풍경은 황금빛 풍요와 바람의 자유로움과 새떼들이 어지럽게 연출하던 군무群舞의 아름다움, 이런 기억으로 남아있다.

참새 다섯 마리가 단풍나무에 앉는다. 사람의 눈치를 보고 있는지 가만히 있다. 참새의 작은 눈에 우리가 친구처럼 보일까. 원수처럼 보일까. 참새가 노리고 있는 곡식과 그것을 지키고 있는 사람, 그 관계가 소소하다.

이윽고 여자가 돌아갔다. 갖고 온 길금 두 되와 산더덕 열 뿌리를 내게 팔고 갔다. 여자를 배웅하기 위해 대문 밖으로 나갔다. 겨울이 깊어지기 전에 찹쌀과 약콩을 가지고 다시 찾아올 것이라고 하였다.

대문 안으로 들어섰다. 곡식 위에 새들이 앉아있다. 곡식을 먹고 있다. 나는 즉시 "훠이, 훠이." 소리치며 새들에게 달려가려고 했었다. 그러나 갑자기 걸음을 멈추었다. 촌 여자의 말이 떠올랐기 때문이다.

참새의 작은 가슴, 참새의 작은 몸, 그런 참새가 먹을 곡식의 작은 양, 이런 것이 생각났기 때문이다. 가만히 서 있는 나를 참새 한 마리가 보고 있다. 눈이 마주쳤다. 순간 몸을 움직거리더니 날아가 버린다. 다른 새들도 따라간다. 이미 배가 불러진 것일까. 나의 눈길에 기가 죽어버린 것일까.

땅에 쭈그리고 앉아 곡식을 쓸어 담았다. 문득 쭈글쭈글한 콩 껍데기와 나의 손등이 서로 닮았다는 느낌이 든다. 나도 마른 곡식처럼 몸의 물기가 빠져나가고 있다.

나에게 맡겨진 새를 보는 소임은 모레쯤이면 끝이 날 것 같다.

수수밭 사이로

    들길을 걸었다. 밭에서 김을 매고 있는 사람을 만났다. 수수밭이라고 했다. 수수밭이라는 말을 듣는 순간 아련한 기억 한 자락이 떠올랐다. 수수 다섯 포기를 얻어와 마당에 심었다.
    어린 시절, 도시로 가는 꿈을 자주 꾸었다. 산으로 둘러싸인 적막한 산마을, 흙속에서 뛰어놀고 있는 산골 아이들, 정이 붙지 않았다. 도시에는 조부모님이 살고 계셨다. 나는 할아버지 할머니가 그리워 자주 슬픔에 빠졌다.
    어느 토요일 아버지께서 "할아버지, 할머니를 뵈러 가자." 하셨다. 하룻밤 자고 오는 짧은 일정이었지만 신이 났다. 그날 내가 입고 간 옷의 색깔이며 손에 들고 갔던 보자기가 생각난다. 보따리 안에는 밤나무 밑에서 주운 알밤이 들어 있었다.

아버지는 버스가 다니는 장터 쪽으로 가지 않고 산을 넘어가는 고갯길을 택하셨다. 하루 두 번씩 왕래하는 버스를 기다리기보다는 고개를 넘어가는 길이 더 빠르다고 하셨다. 산 하나를 넘었다. 산비탈에 일구어 놓은 콩밭이며 고구마밭이 보였다. 사람들이 고구마를 캐고 있었다. 한 여자가 "먹어라." 하며 한 개를 깎아주었다. 흙내가 조금 났다.

작은 고개를 또 넘었다. 수수밭이 막아섰다. 매우 넓었다. "수수밭 사이로 질러가자." 하시며 아버지가 밭으로 들어 가셨다. 앞에서 걸어가시는 아버지의 뒷모습, 나는 처음으로 아버지의 몸이 수숫대처럼 홀쭉하신 것을 알았다. 어느 순간, 아버지를 놓치고 말았다. 발밑에 보이는 야생의 땡깔을 손으로 따고 있는 사이, 아버지는 시야에서 사라지고 없었다. 나를 둘러싸고 있는 수숫대만이 사방에서 소리를 내고 있었다. 수수밭 속에 혼자 남겨진 나는 버림받은 느낌이 왈칵 들었다. 그런 생각이 왜 강하게 일어났을까.

섬진강 가까이 있는 악양에서 부모님의 첫딸로 태어났다. 바로 밑의 동생이 생기자 나는 본가를 지키고 계시는 조부모님 집으로 옮겨 갔다. 외동아들만 두신 조부모님의 적막한 뜰에 한 포기 화초처럼 살았다. 몇 년 후, 다시 부모님 곁으로 갔다. 아버지가 근무하시는 산골 초등학교에 입학하기 위해서였다. 아버지 어머니 옆에 있을 때는 할아버지 할머니가 그리워, 반대로 조부모님 곁에 있을 때는 부모님이 그리워 남몰래 울었다. 그때마다 양쪽에서 버림을 받은 느낌이 들었다.

　수숫대를 헤치고 앞으로 나아갔다. 수수밭 끝에 오자 아버지의 옷자락이 보였다. 밭두렁에 앉아 무심하게 담배만 피우고 계시는 아버지, 나는 그만 오던 길로 되돌아가 버렸다. 땅에 앉아 수숫대 밑으로 몸을 숨겼다. 발이 저렸지만 그대로 쪼그리고 있었다. 옆에 있는 수숫대만 댕강댕강 꺾어대고 있었다. 할아버지 집에 가면 다시는 산골로 돌아오지 않을 것이다. 부모님과 살지 않을 것이다. 이런 결심을 수숫대 옆에서 하였다.

　나를 부르는 아버지의 목소리가 들렸다. 발걸음 소리도 들렸다. 드디어 나를 찾아내신 아버지는 "다리가 아프니? 업히어라." 하시며 나를 달랑 업었다. 그리고 "몸이 새털처럼 가볍구나." "몸이 제릅데기처럼 말랐구나." 이렇게 말씀하시며 아버지는 나를 업고 수수밭을 헤치고 나아가셨다. 아버지의 몸에서 담배 냄새가 났다. 수수밭을 벗어나자 나는 얼른 땅으로 내려섰다.

　해가 지는 시간에 할아버지 집에 도착했다. 대문 안으로 들어서는 나를 할머니가 뛰어나와 껴안았다. 뒤에 서 계시는 아버지에게 조금 미안하였다. 마루 위에서 아버지의 절을 받으신 할아버지는 비로소 산골에 남아있는 어머니와 동생들의 안부를 물으셨다. 내가 짐작할 수 없는 어른들의 법도, 쓸쓸한 마음이 들었다.

다음 날, 아버지와 나는 다시 길을 떠났다. 골목 끝에서 할머니는 "겨울 방학이 아직 멀었니?" 하셨고 할아버지는 "첫서리가 오기 전에 너를 보러 갈 것이다." 하시었다.

돌아올 때도 어제의 길을 택하였다. 아버지가 "다리가 아프겠다. 버스를 타고 가자." 하셨지만 나는 "산과 들을 지나가요." 하며 앞장서서 걸어갔다. 수수밭에 숨어 '다시는 산골로 돌아가지 않을 것이다.' 했던 어제의 결심은 무너지고 없었다. 버림받은 느낌도 남아있지 않았다. 조부모님과 부모님 사이를 왔다 갔다 하며 누리는 기쁨만 있었다.

수수밭이 보였다. "수수밭 사이로 질러가요." 내가 먼저 말했다. 앞에서 걸어가시는 아버지의 등이 자꾸 보였다. 나를 등에 업고 들려주던 아버지의 말, 등에 엎드려 맡았던 아버지의 냄새, 넓은 등의 안락함, 그런 것을 생각하며 아버지 뒤를 강아지처럼 줄레줄레 따라갔다. 드디어 수수밭이 끝났다. 수숫대를 흔들고 있던 바람이 아버지와 나를 수수밭에서 밀어내었다.

오막살이 집 한 채

늦가을에 집을 나섰다. 스산한 기분에 젖어 바다로 갔다. 바다는 여전히 차갑고 음울하였다. 더 깊은 우울을 안고 바다를 떠났다. 돌아오는 길, 높고 험한 구술령을 넘었다. 산속에서 비바람을 만났다. 천둥번개도 만났다. 거친 세력 속을 전전긍긍해하며 지나왔다. 자동차의 좁은 공간에 갇혀 멈추었다가 움직였다가 하며 산을 내려왔다.

비가 그쳤다. 하지만 바람은 여전하였다. 사람들이 살고 있는 집을 찾았다. 산비탈에 있는 집이 보였다. 오막살이 집 한 채였다. 지붕 위로 연기가 솟아올랐다. "아, 따뜻한 기운." 이런 말이

절로 나왔다. 사람들이 있었다. 모락모락 올라가는 연기와 사람의 움직임, 반가웠다. 그쪽으로 갔다. 우리를 보고 "지나가는 길손이군." 하며 늙은 남자가 말했다. "이런 궂은 날씨에 구슬령을 넘어오다니, 쉬었다 가소." 이 말은 여자가 한 말이다.

집을 둘러본다. 방 한 칸, 부엌 한 칸, 헛간 한 칸, 헛간 옆에 붙어 있는 토방 한 칸, 작은 집이다. 토방 옆에 백양나무 한 그루도 서있다. 평상에 앉기를 권한다.

평상 위에는 가을 작물이 널려있다. 우리는 늙은 호박과 익은 옥수수와 빛깔 좋은 고추와 나란히 앉았다. "어디서 와서 어디로 가는 길이요?" 노인이 묻는다. 남편이 "바다를 구경하고 돌아가는 길이요." 하며 덧붙여서 "공기가 맑은 산속에서 지내면 건강에도 좋고 오래 사시겠어요." 하였다. 노인은 "몸에는 좋지만 사람이 그립지요." 했다.

"도시에서 살았지요. 도시에서 늙고 병들었지요. 고향으로 돌아왔지요. 그러나 자식들은 따라오기를 거부했지요. 큰 아들은 백암산 넘어 동해 바다로 가서 배를 타는 선원이 되고 둘째는 영양 장터에서 고추 장사를 하고 있지요. 지금은 늙은이 둘만 남았지요." 한다. 둘만 남았다는 말에 동류의 의식을 느낀다. 그렇다. 우리도 둘만 남은 허전함을 위로 받고 싶어 산과 바다를 찾아다니고 있는 것이 아닌가.

　불을 때고 있는 안노인 곁으로 갔다. 부뚜막에 걸린 무쇠솥에서 허옇게 김이 오른다. 옥수수를 찐다고 했다. 부엌 안에는 그릇을 얹는 살강도 있고 불을 담는 놋쇠 화로도 있다. 나는 "아, 무쇠솥, 살강, 놋화로," 하며 그것들의 이름을 불렀다. 아궁이 앞에 앉아 부지깽이로 불을 때 보았다. 몸과 마음이 따뜻해진다. 험준한 산속에서의 방황, 비바람의 차가움, 천둥번개에 대한 두려움이 없어진다. 나를 엄습했던 우울도 사라진다.

　평상에 걸터앉아 옥수수를 먹었다. 남편과 나는 옥수수를 두 자루씩이나 먹었다. 우리도 손가방 안에서 땅콩 캐러멜 봉지와 비스켓 두 통을 모두 꺼내어 그들에게 주었다. "이 귀한 것을." 하며 받는다. 옥수수를 얻어먹고 아이들처럼 과자를 건네고, 허물없는 사이가 되었다.

　일어서는 우리를 보고 "또 오소. 자주 오소." 한다. 나도 오고 싶다. 계절마다 찾아와서 봄빛으로 둘러싸인 외로운 집도 보고 천지를 지배하고 있는 여름 신록도 보고 옷을 벗고 있는 백양나무의 가을 모습도 보고 싶다. 그리고 겨울, 산속 외딴집에 칩거하고 있는 노老부부들의 절대적인 고독, 그 무서운 고독을 우리도 한번 껴안아 보고 싶다. 무엇보다 보고 싶은 것은 이런 계절의 왕래를 오막살이집이 어떻게 감당하고 있는가를 보는 일이다.

어떤 결심을 한다. 겨울이 오면 다시 이곳에 오자. 눈이 내릴 듯한 하늘 밑을 지나 오막살이집을 찾아오자. 헛간 옆에 붙어있는 토방 한 칸 빌려 우리도 겨울 산천에 갇혀 있어보자. 긴 군불 작대기로 군불을 때며 건너편 산이 흰 눈에 파묻혀 가는 모습을 아득하게 바라보자.

날이 저물면 어둠은 봉창 밑까지 밀려들 것이고 산비탈을 훑고 지나가는 밤바람 소리와 산골짜기에서 울고 있는 짐승의 소리도 들릴 것이다. 나는 촌부처럼 토방에 기대어 그 태고의 소리를 귀로 들을 것이다. 마침내 나는 평생 동안 쫓아다녔던 문명이며 문화, 그런 날들의 분주함과 피곤함을 떠올릴 것이다. 그리고 허망함도.

다시 만난 오두막집 양주와 우리는 무슨 말을 주고받을까. 그들은 씨 뿌리고 열매 맺는 농사 이야기와 멀리 있는 자식들 이야기를 할 것이다. 나도 그리운 자식들 이야기를 꺼낼 것이다. 드디어 우리는 "자식은 울이고 담이지요." "자식이 낳은 손자 손녀들의 기쁨과 아픔까지 어깨에 실리고, 그래서 자식은 절대로 끊어질 수 없는 질긴 끄나풀 같은 것이지요." 이런 결론을 내릴지 모르겠다.

  그날 밤, 나는 뜨끈뜨끈한 방바닥에 등을 붙이고 편한 잠을 늘어지게 자 보리라. 짐을 내려놓은 길손처럼 완벽한 휴식을 취하리라. 그리고 보니 그 오막살이집 한 채는 이 세상에서 소멸된 나의 친정집 같기도 하다.

꽃무늬 블라우스

　꽃무늬 블라우스가 벽에 걸려 있다. 곱고 화사하다. 언제 마련한 것인지 기억에 없지만 내가 직접 돈을 주고 장만한 것이 분명하다. 농 밑에 들어 있던 이 옷을 꺼낸 것은 열흘 전, 지리산 여행에서 돌아온 후였다. 여행길에서 덕천강을 건넜다. 강변에서 여자들이 놀고 있었다. 춤추고 노래하고 있었다. 우리 또래의 여자들이었다. 여러 색의 옷을 입고 있었다. 꽃밭처럼 화려하였다.
　한 여자가 나의 소매를 끌었다. 함께 놀자고 했다. "나보다도 나이가 적은 것 같은데 왜 그렇게 힘이 없어 보이오? 색 옷을 입으면 좀 더 젊어 보일 것이오." 하였다. 강변의 여자들은 분홍, 연두, 노랑 등 봄 색의 옷을 입고 있었다. 얼굴은 햇볕에 그을려 있지만 힘이 넘쳐 보였다. 그때 "나도 물색 옷을 입자. 고운 색깔로 몸을 치장하며 나이를 감추자." 하는 생각이 들었다. 나는 그날, 봄 잎의 풋풋함, 봄꽃의 향기를 몸에 묻히고 돌아왔다. 신명 한 자락도 목에 걸고 돌아왔다.

옷장 문을 열었다. 갈색, 회색, 검정, 흙색 등 모든 옷이 희미하고 어둡다. 다시 농을 뒤지어 밑에 깔려있는 옛 옷들을 끄집어내었다. 물색 옷이 많이 있었다. 지난 시절에 입었던 옷들이 연령별로 포개어져 있다. 나이의 층계마다 옷의 문양이며 색채의 농도가 다르다. 육십 대의 옷보다는 오십 대의 옷이, 오십 대의 옷 보다는 사십 대의 옷이 더 화려하다. 삼십대의 옷, 이십 대의 옷들은 자취도 없다.

사십 대의 옷을 끄집어내었다. 거울 앞에 서서 입어본다. 강렬한 색채와 강렬한 무늬, 주름진 나의 얼굴, 대비가 뚜렷하다. 아름다운 조화가 아니다. 옷을 벗었다. 다시 오십대의 옷을 끄집어내었다. 그 옷이 지금 벽에 걸어 둔 꽃무늬 블라우스이다. 흰 바탕에 연둣빛 잎과 분홍꽃, 보라색꽃이 그려져 있다. 봄동산 같다. 오십 대의 나이에도 나는 봄의 동산을 거닐고 있었던 것일까.

꽃무늬 블라우스를 입고 마당에 내려섰다. 마당에는 온갖 꽃이 피어있다. 금은화도 피고 찔레꽃도 피었다. 나의 꽃무늬 옷이 꽃보다 더 화려하였다. 마당을 돌았다. 금은화 곁에 가서 향기에 취하기도 하고 찔레꽃 덤불 옆에 서서 꽃냄새를 맡으며 찔레순을 꺾기도 하였다. 찔레꽃 향기보다 금은화 향기가 더 독하였다. 꽃들 주위로 나비와 벌들이 날아들었다. 그러나 나의 꽃무늬 블라우스에는 아무 것도 오지 않았다.

잎이 돋고 있는 석류나무 곁으로 갔다. 새잎이 얼마나 부드러운지 아기의 손을 만지는 것 같았다. 씀바귀꽃과 제비꽃 곁에도 쭈그리고 앉았다. 나의 꽃무늬 옷을 보아주는 것은 우리 집 울 안에 있는 이것들 밖에 없었다. 마당을 몇 바퀴 돌고나니 머리가 어지러웠다. 나이 탓이다 하는 생각이 강하게 밀려왔다.

안으로 들어와 꽃무늬 옷을 벗고 요사이 입고 있는 회색 옷을 도로 입었다. 편안하다. 언제부터 나는 물색 옷 대신 무채색으로 몸을 감싸게 되었을까. 희미한 무채색의 세계로 숨어 버렸을까. 타인의 등뒤로 숨어버리는 삶, 그 편안함을 알게 되었을까.

사십대의 옷을 농 밑에 다시 넣었다. 넣기 전, 호사스러운 옷을 입고 찾아갔던 잔치집이며 그때 만났던 사람들이며 우리가 나누었던 대화들을 생각했다. 그 대화에서 우리는 필시 사십대의 풍요로움과 자유로움을 이야기 했을 것이다. 굽힐 줄 모르던 자신감도.

삼십대의 옷, 그 색과 무늬들을 떠올려 본다. 어쩌면 불꽃같은 색채의 옷을 입은 것 같기도 하고 기하학적인 요란한 무늬가 그려진 가을 옷을 입고 먼 곳을 향해 달려간 것 같기도 하다. 그때 내가 펄럭이던 옷자락에서는 삶의 전성기, 그 열정이 풍기고 있었을 것이다.

이십대의 옷은 주로 무늬가 없는 단색이었던 것 같다. 꽃무늬 옷을 입은 기억이 없다. "나도 꽃이다." 하는 기분으로 돌아다닌 기억밖에 없다. 스스로 나를 연출하고 싶은 마음, 내재內在의 형상 속에 혼자 파묻히고 싶은 마음, 그래서 어떤 것의 도움도 거부하였던 것일까. 화려한 색채에게 눈을 돌릴 여유가 없었던 것일까, 이십 대의 자만심은 그렇게 무모했었다.

삼십대, 사십대를 거처 마침내 도달한 오십대. 나는 오십대의 고개를 넘느라고 힘이 들었다. 시도 때도 없이 엄습해오던 허망함, 그리고 우울, 나를 기다리고 있을 노년에 대한 두려움 등, 나는 한참 동안 마음의 병을 앓았었다. 드디어 내게 다가와 옷이 되었던 꽃, 그렇다. 나는 꽃을 찾아가 슬픔을 호소하였고 꽃은 나를 치유하는 옷이 되었을 것이다.

꽃무늬 블라우스를 요사이 입고 있는 옷들과 나란히 걸었다. 갈색, 회색, 흙색 등의 옷에 비해 꽃무늬 블라우스는 색채가 아름답다. 힘이 있다. 하지만 나는 예감한다. 다시는 꽃무늬 옷을 입고 사람들 앞으로 나가지 않을 것임을, 오십대의 꽃무늬 옷만 바라보며 흘러간 날들의 그리움만 떠올릴 뿐, 아무 짓도 하지 못할 것임을 예감한다.

나는 이미 무채색의 세계에 들어와 있고 무채색들이 나의 허물을 한없이 덮어주는 색채임을 깨달아 가고 있기 때문이다.

찔레꽃과의 거리

소나기에 대한 기억 | 빈들로 갈 것이다 | 찔레꽃과의 거리
신라 천년의 침묵 | 고요한 날 | 고풍한 벽
봄꿈을 꾸어라 | 읽기 쓰기 뜸들이기

소나기에 대한 기억

갑자기 비가 온다. 외출을 포기한다. 예기치 못한 소나기가 나의 계획을 방해한다. 창문을 닫는다. 이제 소나기는 창밖의 풍경일 뿐이다. 마당을 후리치는 빗줄기를 본다. 지난 날, 풀잎처럼 온몸으로 감당했던 소나기에 대한 기억 몇 개가 떠오른다.

남강 하류에 있는 산골 초등학교를 다닐 때였다. 운동장에서 놀고 있었다. 하늘은 청명하였고 땅은 말랑말랑 하였다. 흙판에 앉아 땅따먹기를 하고 있었다. 손과 발, 옷자락에 흙을 묻히며 땅을 차지하느라고 정신이 없었다.

공을 차고 있던 남학생이 갑자기 "소나기가 몰려온다." 하고 소리를 질렀다. 어느새 서쪽 하늘에는 검은 구름이 뭉쳐 있고 구름 떼는 거대한 장막처럼 우리에게 다가왔다. 나와 땅따먹기를 하던 정님이가 "도망가자." 하며 일어섰다. 우리는 점령한 땅도 버려두고 손에 쥐고 있던 사금파리도 내던지고 달아났다.

번개가 번쩍였다. 천둥소리도 들렸다. 구름은 하늘 위에서 으르렁거렸고 아이들은 "벼락 맞는다." 하며 학교를 향해 뛰어갔다. 아이들은 천둥이 먼저라느니 번개가 먼저라느니, 또 죄가 있는 사람은 벼락을 맞는다느니, 죄가 없는 아이들은 절대로 벼락을 맞지 않는다느니 하며 떠들어대었다.

비가 쏟아졌다. 그날의 소나기는 대밭의 왕대처럼 꼿꼿하게 내리치며 세상과 우리를 갈라놓았다. 아무 것도 볼 수 없었다. 번개와 천둥과 소나기, 그런 무서운 형상 속에 갇혀 있었다. 비가 그쳤다. 고무신을 신은 채 운동장에 고인 물속으로 뛰어들었다. 물속에 어른거리는 구름 떼를 발로 밟아대며 뛰고 소리쳤다.

삼베 치마를 입고 있던 정님이, 검은 구름 떼의 음산한 움직임과 천둥소리, 순식간에 호수를 이루던 운동장의 빗물 등 이것들은 언제나 함께 연결되어 기억 속에 떠오른다. 머리 위에서 요동치던 천둥과 번개, 그리고 벼락은 내가 최초로 알게 된 하늘의 공포였다. 그날의 소나기는 그렇게 두려움을 심어주고 나의 어린 날을 지나갔었다.

두 번째의 소나기 기억은 뽕나무밭에 얽혀있다. 어느 해질녘, 동생을 업고 뽕나무밭으로 갔다. 뽕나무밭 사이로 신작로가 보였다. 신작로는 할아버지 할머니가 살고 계시는 도시와 연결이 되어있다.

그날도 나는 '신작로를 따라 오래 걸어가면 진주에 가 닿을 것인가. 남강을 만날 것인가.' 이런 생각을 하며 뽕나무밭으로 갔었다. 어쩌면 나는 조부모님에게 다녀오시는 아버지를 마중하러 신작로가 보이는 뽕나무밭 쪽으로 간 것이 아니었을까. 아버지가 들려주실 조부모님의 소식을 먼저 듣기 위해 어린 동생만 등에 업고 살짝 대문을 빠져나간 것이 아니었을까.

뽕나무밭으로 들어섰다. 자줏빛 오디가 달려 있었다. 뽕나무 밑을 어슬렁거렸다. 갑자기 소나기가 내렸다. 내가 익은 오디를 찾아 뽕나무밭을 헤매고 있는 동안, 아버지가 나타나기를 바라며 신작로 위를 힐끔힐끔 보고 있는 동안, 어느새 몰려온 구름 떼는 땅 위에 비를 퍼부었다. 논두렁 위로 뛰어가는 농부들과 비를 맞고 있는 참새들이 보였다. 뽕나무 잎은 소리를 내며 흔들거렸고 동생은 소리를 지르며 울어대었다.

황토물은 발목을 휘감으며 지나갔다. 아직도 신작로 위에 모습을 나타내지 않는 아버지와 등에 업힌 동생의 무거움, 왈칵 눈물이 나왔다. 앙앙 울고 있는 동생과 함께 운동장을 가로질러 집으로 돌아갔다. 비에 젖은 머리카락과 비에 젖은 동생의 손, 집안으로 들어섰다. 집에 남아있던 어머니와 동생들의 옷은 물기 없이 말짱하였다. 뽕나무밭에서 내가 치룬 소나기의 고통을 아무도 알지 못하였다.

하늘이 맑아졌다. 서쪽 하늘에 남아있는 붉은 채운彩雲의 흩어짐, 어둠 속으로 함몰되고 있는 먼 산의 능선, 그리고 아버지의 부재不在, 서러운 기분이 다시 솟아올랐다. 그날의 소나기는 나의 생애에서 최초의 슬픔이고 비애였다.

자운영밭에 얽힌 소나기의 기억도 있다. 여학교 시절의 어느 토요일, 산골에 계시는 부모님 곁으로 가고 있었다. 말띠고개를 넘어서자 남강이 보였다. 들판으로 내려섰다. 바람 따라 일렁이는 보리밭과 하늘로 솟구쳐 오르는 종달새, 나와 함께 나란히 흘러가는 강물의 반짝임, 모든 것이 나를 위한 연출 같았다.

산모퉁이를 돌았다. 눈앞에 펼쳐있는 자운영밭, 달려가 꽃 속에 파묻혔다. 분홍빛 꽃을 따서 꽃반지를 만들었다. 수줍은 생각이 조금 들었다. 옆 밭에서 남자와 여자가 일을 하고 있었다. 봄볕 아래에서 일심동체가 되어 움직이고 있는 젊은 부부들, 그들의 은밀한 눈빛이 자운영 꽃처럼 아름다워 보였다.

여자가 갑자기 "학생, 빨리 와요. 비가 몰려와요." 하며 원두막으로 뛰어갔다. 나도 따라갔다. 남자는 "봄날에 소나기는." 하며 투덜거렸고 여자는 내가 입고 있는 여학교의 교복을 보고 "참 멋지다." 하였다. 그렇다. 그날 나는 멋을 부리고 있었다.

세라복의 흰 선이며 흔들리는 주름치마, 자주색 넥타이가 봄바람에 나부끼고 있었다. 어쩌면 나는 여학생 티를 내며 산골 동네를 누벼보고 싶었던 것이 아니었을까. 휘파람을 불어대는 촌 머슴애들 앞을 걸어가 보고 싶었던 것이 아니었을까.

비가 그쳤다. 비가 그친 후의 더욱 푸른 산과 들, 비가 그친 후의 더욱 선명한 자운영꽃, 모든 것이 눈부셨다. 형용할 수 없는 환희가 솟아올랐다. '푸른 잎을 문지르면 푸른 숨이 돌아오고, 붉은 꽃을 문지르면 붉은 피가 돌아오고, 소녀여, 비가 개인 날은 왜 이리도 하늘이 푸른가, 무슨 꽃으로 문지르는 가슴이기에 나는 이리도 살고 싶은가.' 하는 미당 서정주의 시 구절처럼 그날의 소나기는 황홀한 그리움을 내게 심어 주고 사라졌다.
 지난날의 소나기, 내가 온몸으로 감당했던 소나기들 속에서 한 번쯤은 빛깔 영롱한 무지개를 본 것 같기도 하고 그렇지 않은 것 같기도 하다.

빈들로 갈 것이다

앞산 밑에서 삼십 년을 살았다. 아침저녁 문을 열고 닫을 때마다 산꼭대기와 눈이 마주친다. 아침저녁뿐 아니고 하루에도 몇 번씩 산을 본다. 처음에는 앞산과 나와의 관계가 참 아름다운 인연이구나 하였다. 요사이는 매우 질긴 인연이다. 하는 생각이 든다. "같은 집에서 삼십 년 동안이나 살고 있다니 지겹겠다." 하고 사람들이 말을 한다.

한 곳에서 못이 박힌 듯 살고 있는 융통성 없음을 스스로도 딱하게 생각한다. 삼십 년간 얽히고설킨 인연이 나를 놓아 주지 않는다. 그 인연들이 나를 기쁘게도 하고 무겁게도 한다.

병원에 입원을 하였다. 뜰에서 유도화 화분을 옮기다가 땅에 주저앉고 말았다. 몸을 움직일 수 없었다. 응급차에 실려 병원으로 갔다. 5주간의 진단이 내려졌다. 등뼈에 금이 갔다고 했다. "큰 화분을 겁도 없이 들어 올리다니 나이에 비해 용기가 대단합니다." 하고 의사가 말했다. 의사의 말은 결코 칭찬이 아니었다.

한 달 동안 세상과 인연을 끊고 지냈다. 입원실에서 내가 차지한 공간은 침대를 포함하여 세 평도 되지 않았다. 아무 불편이 없었다. 갖다 주는 밥만 먹고 할 일 없이 잠만 자고 의사의 지시대로 치료를 받고 빈둥빈둥 놀았다.

때때로 우리 집이 있는 앞산 쪽을 바라보았다. 집에 있는 가족들과 살림살이와 마당에 있는 나무들을 생각하였다. 모두 나의 지배 아래에 있던 존재들이다. 그러나 지금, 그것들은 저희들끼리 잘 살고 있다. 나의 힘이 밀려난 것일까.

사람들이 병문안을 왔다. 뜰에서 일을 하다가 허리를 다쳤다느니 뼈가 부서졌다느니, 목이 돌아가 말을 할 수 없다느니 하며 나에 대한 온갖 소문이 퍼져있다고 했다. 나와 세상과의 관계는 이런 소문 속에 아직도 남아 있었다.

웅크리고 있는 나를 보고 말을 한다. 젊은 사람들은 일이 많은 구식 집을 버리고 아파트로 이사를 가라 했고 나이가 든 사람은 삼십 년이나 정이 든 집을 떠나려면 마음이 아프겠다고 하였다. 이웃에서 함께 살았던 친구는 단호하게 용단을 내려 편리한 아파트로 옮기면 육신이 매우 편할 것이라고 하였다.

그가 옛집을 떠나던 날, 마당의 나무를 붙들고 울고불고 하였다. 그런데 지금은 단호한 용단, 편리한 아파트, 육신의 안락함 등을 들먹이며 삼십 년간의 인연을 끊어 버리라고 부추기고 있다. 버리는 일의 고통과 버리는 일의 가벼움을 그는 이미 경험한 것이다.

그날 우리는 붙들고 있는 것과 놓아버리는 것에 대한 이야기를 많이 하였다. 젊은 사람들은 버리지 못하는 것은 소유욕과 집착 때문이라 하였고 나이를 먹은 사람들은 정情 때문이라고 하였다. 돌아갈 때 그들은 다시 한번 편리한 아파트 이야기를 하였다.

병실에 혼자 남겨졌다. 사람들이 권해 준 새로운 거처에 대한 생각을 하였다. 편리한 아파트도 생각하고 예쁘고 아름다운 신식 집도 생각하였다. 새집을 짓는 상상도 했다. 땅을 보러 다니고 집터를 구입하고 집과 정원을 구분하여 건물을 설계하고 집을 지어 올리고, 젊은 시절에 하였던 그 짓을 다시 생각해

보았다.

　밤에는 꿈도 꾸었다. 거대한 아파트며 초원의 꿈을 꾸었다. 초원에는 아련한 자운영밭도 보였다. 아파트의 모습은 순식간에 사라져 버렸지만 비어있는 들판과 자운영꽃은 한참 동안 남아 있었다. 우리 집 나무들과 이별을 하는 꿈도 꾸었다. 짐을 들고 오래된 집에서 쫓겨나는 꿈도 꾸었다. 집을 쫓겨나며 헛소리를 하였는지 옆자리의 환자가 나를 흔들어 깨웠다.

　잠에서 깨어난 후 꿈속에서 보았던 빈들과 자운영 밭을 오래 생각하였다. 새 아파트에 대한 생각은 하지 않았다. 먼 산, 먼 언덕, 먼 나무가 둘러서 있던 빈들, 그 빈들에 새로 집을 지을까. 자유로운 바람 따라 풀잎처럼 눕기도 하고 일어서기도 할 수 있는 곳, 먼 곳만 바라보며 육신의 무게를 가볍게 흔들어볼 수 있는 곳, 자운영 곁에 앉아 인연의 매듭을 풀어내며 향기로운 회상에 젖어들 수 있는 곳. 그 빈들이 내가 옮겨갈 새 터전일까. 이런 생각을 하며 병상 위에서 아픔을 견디고 있었다.

　드디어 퇴원을 하게 되었다. 환자복을 벗었다. 빈들의 환상에서도 깨어났다. 입원할 때 갖고 온 소지품들을 챙기며 집으로 도로 들어갈 준비를 하였다. 아파트로 옮겨가기를 권유하던 사람들이 갖고 온 꽃바구니도 챙겼다.

산 밑에 있는 동네가 보인다. 산에서 내려오는 산바람, 바람 따라 내려오는 산 향기가 생각나고 오래된 골목길의 다정함, 살림살이에 묻어있는 묵은 때의 편안함 등이 그리워진다.

아무래도 나는 오래된 집에서 오래된 방식으로 더 오래 살아야 할 것 같은 생각이 든다. 그것이 나의 팔자인 것 같은 생각이 들었다. "빈들로 갈 것이다." 이 말은 꿈속에서나 때때로 해 볼 말이다.

찔레꽃과의 거리

 찔레꽃 가시에 찔렸다. 향기에 취하여 다가갔을 뿐인데, 꽃덤불을 한 번 껴안아보았을 뿐인데 팔목과 손가락이 가시에 찔려 상처가 났다. 박힌 가시를 뽑아내고 약을 발랐다. 손가락에는 붕대를 감았다.
 찔레꽃에 대한 나의 애정이 거부당한 것 같아 마음이 상했다. 길을 걸어갈 때면 흰 붕대가 감긴 손가락을 치켜들고 다녔다. 사람들이 다친 이유를 물었다. "찔레꽃이 가시로 찔렀어요." 하며 찔레꽃에 대한 미움을 거침없이 표현하였다.
 마당에는 찔레뿐 아니고 장미 세 그루도 있다. 흰 들찔레는 육 년 전 가야산 북벽을 보러갔다가 산비탈에서 캐어왔다. 북벽의 짙은 그늘, 인적이 없는 산속, 그런 적막 속에서 만난 흰 찔레꽃은 눈부시고 향기로웠다. 나를 따라온 찔레꽃을 동쪽 담 밑에 심었다. 우리 집의 자랑이 되었다.

  오월이 되면 찔레꽃과 장미꽃이 다투어 핀다. 하지만 나는 찔레꽃 곁으로 먼저 간다. 구름 떼처럼 너울거리며 뿜어대는 꽃의 향기, 희고 얇은 꽃 판의 하늘거림, 바람 따라 흩어지는 꽃잎의 흩날림, 눈발처럼 땅에 깔리는 흰 꽃의 순결함, 그런 애잔함이 나를 유인한다. 가야산 북벽의 서늘함, 그 적요도 생각난다.

  일요일 아침, 손자 손녀들이 집에 왔다. 대문을 들어선 아이들은 "할머니" 하고 한 번 불러보고는 찔레꽃 곁으로 바로 달려간다. 나도 달려갔다. 내가 아이들 뒤를 급히 따라간 것은 어떤 말을 일러주기 위해서였다. "찔레꽃 곁에 가까이 가지 마라." "찔레꽃과 거리를 두어라." "만지지도 말고 껴안지도 말아라. 가시가 찌른다." 하며 큰 소리로 말을 하였다. 붕대가 감긴 손가락을 흔들어 보였다.

  걸음을 멈춘 아이들은 찔레꽃 한 번 쳐다보고 나의 손가락 한 번 쳐다보더니 방향을 바꾸어 다시 장미꽃 곁으로 갔다. 나는 좀 더 크게 또 소리를 질렀다. "꽃이 예쁘다고 절대로 손으로 어루만지지 말아라." "장미 가시에 찔리면 무서운 병에 걸린다." 이런 말을 하였다. 아이들에게 찔레꽃과 장미를 위험한 존재로 인식시키기에 바빴다.

아이들이 돌아갔다. 장미꽃 대신 민들레 꽃씨를 입으로 후후 불며 떠나갔다. 아이들은 필시 무서운 찔레꽃, 무서운 장미꽃 하며 적의를 품고 갔을 것이다. 아이들에게 들려주었던 말들, 나는 왜 그런 말을 하였을까. 예쁜 꽃과 아이들과의 관계를 이간질 하였을까.

'알프스의 크나큰 바람소리, 그는 죽었다, 아름다운 장미가시에 찔려서. 시인은 다른 아무 것으로도 죽지 않는 것.' 라이너 마리아 릴케의 죽음을 두고 들었던 이 말은 언제나 나를 따라다녔다. 때로는 감미롭게, 때로는 두렵게.

'사랑이 그대에게 어떻게 왔던가. 햇살처럼 왔던가, 기도처럼 왔던가.' 혹은 '우리에게 무슨 일이 좀 일어나게 하옵소서. 우리는 높이 오르고 싶습니다. 빛과 같이, 노래와 같이' 이런 릴케의 시를 읽으며 넘어온 스무 살 고개, 병고도 죽음도 결코 알지 못했던 스무 살 고개, 그때 만난 시인의 삶은 참으로 고결하였다. '시와 사랑과 고독과 죽음까지도 완성한 릴케여.' 이런 글을 겁도 없이 쓰며 그가 말년에 살았다는 알프스를 그리워했었다. 이제 병고와 죽음의 고통을 보고 느끼고 있는 지금, 꽃의 아름다움보다 꽃의 독소가 나를 두렵게 한다.

찔레꽃 향기가 흩어지기 전에, 장미꽃 빛깔이 변하기 전에 다시 아이들을 부르고 싶다. 장미꽃 곁에서 알프스의 바람처럼 살다가 간 릴케의 생애를 이야기해 주고 싶다. 아름다운 꽃을 지키고 있는 날카로운 가시의 역할도 말해주고 싶다. 그리고 그의 죽음의 참 원인은 이미 갖고 있던 지병 때문이며 저항력의 약화로 파상풍에 걸렸으며 그의 사인死因이 결코 장미꽃 탓이 아님도 밝혀주고 싶다.

그리고 한없이 나이를 먹은 몇 년 전, '이제는 가을입니다. 지나간 여름은 참으로 위대했습니다.' 이런 릴케의 시를 생각하며 그가 생애를 마감한 알프스의 산록을 내가 지나왔음을, 지나간 날들의 위대함을 생각하고 있었음을 말해주고 싶다.

'오, 장미여! 순수한 모순이여' 이런 글이 새겨져 있다는 그의 묘비명을 떠올리며 순수와 모순을 함께 감당해야 하는 인간의 삶, 그 갈등도 생각해보고 싶다.

끝으로 찔레꽃과 장미꽃, 그 아름다움 곁으로 환호하며 달려가던 아이들에게 꽃과의 거리를 주장하며 고함을 질러댔던 나의 경솔함도 용서받고 싶다.

신라 천년의 침묵

여학교 졸업반 때 수학여행 길에서 처음 경주를 만났다. 하지만 나는 이미 경주를 알고 있었다. 반월성, 포석정, 계림, 불국사의 청운교, 백운교 등 한 번도 본 적이 없는 경주를 마음속에 내밀하게 간직하게 된 동기는 이태준의 소설을 읽은 후였다.

여고 2학년 때였다. 그 시절, 이태준의 소설은 금서禁書였고 나는 그의 소설집 『돌다리』와 『구원의 여인상』을 갖고 있었다. 단편집 속에서 「토끼 이야기」 「돌다리」 「석양」을 감명 깊게 읽었다. 「석양」은 경주가 작품 속의 무대였다.

매헌梅軒이라는 호를 가진 노老작가와 타옥陀玉이라는 처녀,

그 만남은 작가가 경주 여행에서 고완품점古翫品店을 찾아갔을 때 이루어졌다. 가게의 주인인 처녀와 석양夕陽에 이른 노老 작가, 함께 경주를 탐색하고 다닌 이야기이다. 그 후 나는 이태준의 문장에 매료되었고 고도古都 경주에 매료되었다. 그때부터. 경주는 심층에 깊이 자리잡았다.

나의 첫 직장이 경주 가까운 포항여중으로 발령 났었다. 그때 동해의 아득한 수평선과 신라 천년의 아득한 세월, 그 막막함 앞에서 나의 존재는 한 움큼 모래알처럼 작아졌다. 포항에서의 2년간, 나는 미술반 학생들과, 또 혼자 경주를 바람처럼 들락거렸다.

어떤 때는 소설,「석양」속의 주인공들의 행동을 따라 하기도 하였다. 첨성대와 석빙고를 구경한 후, 반월성 언덕을 넘어 계림을 보러갔다, 그리고 문천蚊川을 끼고 오능五陵을 찾아갔다. 소나무 숲에 둘러싸여 있는 오능五陵은 웅장한 봉분이라기보다는 부드러운 곡선들이 서로 관계하며 어울려 있는 것 같았다. 신라의 시조인 박 혁거세를 비롯한 다섯 능이 한 자리에 모여 있었다.

내가 제일 먼저 오능을 찾아간 것은 소설 속의 어떤 말 때문이었다. 오능 안에서 다시 마주친 매헌과 타옥은 봉분의 곡선을 더 잘 보기 위해 소나무 위로 올라갔다. 나무 위에서 처녀가 한 말, "봉분의 곡선이 퍽 니힐 하지 않아요?" 였다. 그 '니힐' 이라는 말이 왜 그렇게 마음을 흔들어 대었을까. 소설속의 처녀도, 또 나도 허무의 의식에 사로잡혀 젊음의 고개를 넘고 있었던 것이 아니었을까, 나는 소설속의 작가 매헌梅軒을 이태준으로 바꾸어 생각하며 그가 찾아다닌 신라 토기며 와당瓦當을 보러 다니기도 하고 혼자 남아있는 석등이며 석탑의 외로운 모습을 바라보기도 하였다.

경주를 찾아온 사람들이 바쁘게 보고 바쁘게 떠나는 것을 보면 마음이 아프다. 경주는 바쁘게 보고 돌아갈 일이 아니다. 느릿느릿 보고 갈 일이다. 땅 위에 솟아있는 거대한 왕릉들. 그 곁에 앉아 봉분 속에 갇혀 있는 천년의 침묵을 생각해보기도 하고 화랑도의 기상이 서려있을 서라벌 들판을 거닐어보기도 하고 흥망과 성쇠가 함께 연출되었던 포석정을 응시해 보기도 할 일이다.

남천 가에 앉아 신라의 향가鄕歌인 처용가 한 구절을 떠올리기도 하고 하얀 피를 뿜으며 순교한 이차돈의 죽음도 생각해 볼 일이다. 그리고 달님, 별님, 버들아기, 거칠마로 같은 신라사람의 옛 이름들을 한번 불러볼 일이다.

거대한 박물관이라고 일컫는 남산은 또 어떤가. 거기 있는 나무, 거기 있는 흙, 거기 있는 바위와 불상들은 모두 천년의 숨결을 지니고 있다.

독일에서 손님이 오면 언제나 경주에 데리고 간다. 천 년 전, 독일의 게르만 민족의 대이동이 들판을 유랑하고 있을 때, 우리의 땅에서 꽃피운 신라의 찬란한 문화를 자랑스럽게 보여준다.

불국사의 석가탑과 다보탑, 특히 석가탑(무영탑)에 얽힌 애절한 사랑 이야기를 할 때는 설명이 길어진다. 그들은 아사달, 아사녀의 이름들을 수첩에 적기도 하고 멀리 있는 영지影池에 가보자고 조르기도 한다. 에밀레종의 이야기를 들을 때도 가슴 아파한다. 석굴암의 본존상이며 십일면 관음상을 본 후, 우아한 미소와 부드러운 곡선에 대해 감탄한다.

그때 나는 그것이 바로 신라 천년의 미소이며 관용의 선線이라고 말해 준다. 그리고 토함산 고개에서 들려오는 바람 소리, 그 소리가 신라 천년의 소리라고 일러준다. 광개토대왕 능을 둘러싸고 있는 노송老松의 냄새와 반월성 꼭대기에서 올려다본 푸른 하늘을 두고 그것들이 신라 천년의 향기며 빛이라고 말해 준다.

마지막으로 우리는 덕동호 옆을 지나 추령고개를 넘는다. 아득히 동해바다가 보인다. 바다 속에 잠겨있는 문무왕릉, 동해의 용龍이 되어 왜구의 침략을 막아 내겠다고 한 수중왕능水中王陵의 비장한 이야기를 들려주며 바다 건너에 있는 일본의 횡포를 생각한다.

돌아오는 길에 감은사感恩寺 절터에 들린다. 빈 절터에는 두 탑과 돌 틈을 비집고 솟아오른 풀과 바람의 소요만 남아있다. 천년 동안 우뚝 서서 신라의 하늘을 지탱하고 있는 두 탑, 드디어 말한다. 이것이 바로 신라 천년의 한恨이라고. 그리고 나는 "그 나라 망하니 베옷을 감으시고." 하는 옛 노래를 생각하며 마의태자의 슬픈 이야기를 떠올린다.

고요한 날

 모기에게 물렸다. 근지러워 손으로 긁었다. 밤에는 좀 더 세차게 긁어대었다. 아침에 일어나 보니 두 발이 짝짝이가 되어 있다. 오른쪽 발등이 부풀어 있다. 하지만 일상의 일들을 처리하기 위해 일찍부터 돌아다녔다. 오후가 되자 오른쪽 발이 천근같이 무거웠다. 발등은 여전히 부어 있었다. 마치 작은 바가지를 엎어 놓은 것 같았다.
 병원에 갔다. 모기에게 물린 자리를 손톱으로 긁어 2차 감염이 되었다고 하였다. 상처가 덧나지 않게 주사와 약을 주었다. 의사는 "무리하게 걸어 다니지 말 것, 손으로 긁지 말 것, 될 수 있는 대로 오른쪽 발을 높게 올리고 있을 것." 이렇게 주의를 시켰다. 집안에서 고요하게 쉬라고 권하였다.

  고요한 날이 시작되었다. 아침이 되면 먼저 두 발을 내려다본다. 여전히 오른쪽 발은 통통하였고 왼쪽 발은 빼빼 말라있다. 모기 한 마리의 위력이 대단하다. 밥 몇 숟갈 먹고 앉았다 누웠다 하고, 책 몇 페이지 읽고 눈을 감았다가 뜬다가 하고, 창밖의 치자나무 한 번 내다보고 꽃의 향기가 아직도 남아 있는가 생각하고, 하늘을 보며 움직이는 구름떼를 따라갔다가 멈추었다가 하며 집안에 갇혀 있다.

  집밖으로 나가 사람들을 만나지 않으니 말의 어휘도 잊어버리고 시장에 가지 않으니 지갑 속의 돈도 쓸모가 없어지고 몸을 움직이지 않고 있으니 음식을 섭취하는 양도 줄어졌다. 싱싱한 채소의 맛도 잊었다.

  친구가 전화를 했다. 전화통을 붙들고 늘어졌다. 해가 지는 것도, 밥때가 된 것도 모르고 끝없이 말을 주고받았다. 학창 시절의 이야기를 많이 하였다. 산골 학교의 학예회 이야기, 운동회 날, 비호같이 달려가던 남학생 이야기, 흐르는 강을 따라 뜀박질을 하던 옛이야기를 많이 하였다. 끝으로 나는 모기에게 물려 발등이 부었다는 말을 하였다. 그는 대뜸 나이 때문에 저항력이 없어진 탓이라고 하며 어느새 이런 날이 우리에게 닥쳐왔을까 하고 슬픈 목소리를 내었다.

바깥을 내다본다. 마당에 있는 외등이 눈에 띈다. 빛이 없다. 어느 때부터 우리는 등불을 켜지 않았을까. 처음 집을 지을 때 정원 가운데 등을 세웠다. 밤이면 환하게 빛을 내었다. 그런데 지금은 불이 꺼지고 없다.

그동안 등불을 켜지 않았던 이유는 땅속에 묻혀있는 오래된 전기선의 누전도 겁이 났고 아침저녁으로 전기코드를 내렸다 올렸다 하는 번거로움도 귀찮았기 때문이다. 불이 없는 외등은 몸을 감고 올라가는 들장미에게 모든 것을 맡긴 채 가만히 있다. 분홍색 들장미가 필 때면 꽃송이만 칭송했을 뿐 등불의 존재는 잊고 있었다.

앞산 밑에 집을 짓고, 창문을 열 때마다 산을 우러러 보고 산은 우리를 내려다보는 아름다운 관계가 삼십 년이나 계속되었다. 그러나 지금은 '산이 저기 있네.' 하고 소리치며 감동하던 젊은 날의 열정 대신 어둠에 익숙해진 존재가 되고 말았다. 작은 모기에게 물려 아무 짓도 할 수 없는 나이가 되었다.

문득 내가 누리고 있는 고요한 날들이 한없이 지겨운 생각이 든다. 할 일 없이 우두커니 있는 나의 모습이 불이 꺼진 외등과 같다는 생각이 든다. 어둡고 캄캄하다. 빛을 찾아 이리저리 고개를 돌린다. 불빛은 보이지 않고 별들만 빛나고 있다. 캄캄한 지상을 향해 무언가를 재촉하는 듯 반짝이고 있다.

바람이 지나간다. 땅 위를 휩쓸고 간다. 소리가 들린다. 어둠과 밀착되어 있는 외등의 신음소리 같기도 하고 "불을 켜라. 불을 켜라." 하며 질책하는 바람소리 같기도 하다. 잊고 있었던 아버지의 말씀 같기도 하다.

십여 년 전, 친정집에 있던 은목서를 갖고 와서 심어주신 아버지가 그날 밤, "마당이 어둡구나." 하셨다. 나는 아버지 뒤를 따라 은목서 곁으로 갔을 뿐 아버지의 캄캄한 마음을 짐작하지 못하였다. 은목서에게 빛을 주고 싶어 하시는 아버지의 심정을 헤아리지 못하였다. 그때 아버지는 은목서뿐 아니고 내가 거느리는 우리 집과 나의 삶에도 환한 빛을 채워주고 싶어 하신 것이 아니었을까.

문득 '다시 불을 밝히자. 오래된 전선을 새것으로 교체하자. 외등 옆에 붙어있는 보릿대꽃도 솎아내고 들장미도 등에서 떼어 내자. 외등 꼭대기까지 닿아있는 산수유 가지도 잘라 버리자. 등불에 방해가 되는 것은 모두 제거하자.' 하는 생각이 든다. 무엇보다도 제거하고 싶은 것은 은목서를 둘러싸고 있는 어두움, 그 캄캄함을 몰아내고 싶었다.

 모기에게 침범당함, 고요한 날들의 쓸쓸함, 어둠을 보고 있는 시선의 아픔, 이런 것들이 다시 불을 밝히고 싶은 마음을 불러일으키고 있는 것일까. 그 기회를 만들어 주고 있는 것일까. 그것이 축복일까.

 내일쯤이면 발등의 부기도 가라앉고 오른쪽 발과 왼쪽 발이 똑같은 모습으로 되돌아가 있을 것 같다. 나의 고요한 날도 끝이 날 것 같다.

고풍한 벽

집이 부서지고 있다. 포클레인이 움직일 때마다 소리를 내며 건물이 무너지고 있었다. 곳곳에 경계선을 표시한 빨간 막대기가 꽂혀있다. 새 도로를 만들기 위해 진로에 방해가 되는 집들을 부수고 있는 모양이다. 구경꾼들을 둘러본다. 어떤 사람은 혀를 차고 어떤 사람은 신이 나 있는 것 같았다. 혀를 차고 있는 사람은 주로 나이가 든 사람들이다. 젊은 사람들은 집과 맞바꾼 보상금과 함께 산골에서의 탈출을 기뻐하고 있는 것일까.

남아있는 집들을 향해 갔다. 동네 끝머리에 아직 문패가 붙어있는 집이 있다. 오래된 집인 듯 담 위로 늙은 감나무며 추자나무가 솟아있다. 대문을 밀고 들어갔다. 담 밑에는 무더기로 자란 머구 잎이며 노란 꽃을 달고 있는 골담초 덤불, 축담 위에 엎어져 있는 대소쿠리가 눈에 뜨였다.

마루 위에도 칠이 벗겨진 밥상이 놓여있다. 부엌문을 밀어 보았다. 삐걱 소리가 났다. 문소리에 놀란 듯 노인이 방문을 열고 나온다. 그는 무단 침입을 한 우리를 나무라는 대신 마루에 앉기를 권한다.

"이 집에서 평생을 살았소. 자식들도 여기서 태어났고 안사람도 이 집에서 눈을 감았소. 추자나무와 감나무도 내 손으로 심었소. 긴 담부랑도 내가 쌓았소. 이런 집을 부수어 버린다니, 떠나가라니 그것이 쉬운 일이요?" 하며 한숨을 쉰다.

쫓겨날 때를 기다리며 빈집에 남아 있는 노인, 낡은 문패와 오래된 나무들과 손때가 묻은 밥상과 함께 집을 지키고 있는 노인, 마음이 아팠다. "집이 없어지면 갈 곳은 있어요." 하고 물었다. "보상금을 탄 아들이 도시에 집을 장만했다나, 어쩐다나." 하며 남의 일같이 대답을 한다.

그때 대문 밖에서 차 소리가 들렸다. 중년의 남자가 안으로 들어온다. "아버지." 하고 부른다. 노인은 힐끗 쳐다볼 뿐 반가워하는 기색이 없다. 우리는 민망하여 밖으로 나왔다. 대문 밖에 자동차가 서 있다. 두둑한 보상금은 헌집 대신 번쩍이는 자동차와 새집을 아들에게 안겨준 모양이다. 집안에서 큰 소리가 오고갔다. 아들의 목소리가 더 컸다.

담을 따라 가 보았다. 군데군데 자갈이 박혀 있는 흙담이 집을 둘러싸고 있다. 젊은 날, 노인은 힘을 뽐내며 산비탈의 황토와 개울가의 자갈을 함께 반죽하여 담을 쌓아올렸을 것이다. 손과 발, 온몸에 흙 칠갑을 하며 견고한 흙담을 만들었을 것이다. 그 울타리가 온 가족을 지켜 주었을 것이다.

흙담 밑에 개망초가 솟아있다. 귀화식물인 망초는 이 땅을 침입하여 곳곳에 뿌리를 내리며 번식하고 있다. 손으로 벽을 만져본다. 흙이 부서진다. 흙속에 묻힌 돌이 땅으로 굴러 떨어진다. 오래된 벽은 그렇게 부서지고 침입 당하고 분리되며 삭아 내리고 있었다.

가슴이 답답하고 목이 말랐다. 길가에 있는 구멍가게에서 생수 한 병을 샀다. 가겟집 여자가 "한 달도 남지 남았네. 동네가 몽땅 사라질 날이." 하며 마을 쪽을 바라본다. 나도 생수를 벌컥벌컥 마셔대며 나와는 아무 관계가 없는 집들을 건너다본다.

자동차 소리가 났다. 대문 앞에 있던 자동차가 부르릉거리며 떠나버린다. 가겟집 여자가 또 말을 한다. "아들이 혼자 가버리는 것을 보니 오늘도 실패를 했군." 하였다. 아버지를 새집으로 모시고 가기 위해 찾아왔지만 따라가기를 거부했다는 뜻 같았다. 나는 아들의 실패가 은근히 기분 좋았다. 아버지의 고집이 은근히 기뻤다. 생수병에 남아있는 물을 마저 마셨다. 목이 확 트이고 가슴이 시원해졌다.

그곳을 떠났다. 출발하기 전, 다시 동네를 돌아보았다. 노인이 대문 밖에 나와 있다. 신작로 쪽을 멀거니 보고 있다. 그리고 대문 위에 붙어있는 낡은 문패 밑을 지나 담부랑 쪽으로 간다. 흙담에 기대어 선다. 오래된 담이 그의 몸을 지탱해 준다. 황토빛 고풍한 벽과 노인의 누런 얼굴 서로 닮아있다.

담 위로 솟아있는 오래된 나무들과 집이 부서지는 날까지 지키고 있을 낡은 문패와 슬픈 오기로 뭉쳐 있는 노인의 모습, 그 조화가 처연하고 아름답다. 그러나 곧 무너질 것 같은 쓸쓸한 모습을 하고 있다.

봄꿈을 꾸어라

춥고 쓸쓸하다. 앞산 꼭대기에는 흰 눈이 그대로 있는데 새로 내린 눈이 또 쌓이고. 텅 빈 마당에는 바람소리만 들리고, 어디에도 마음을 붙일 곳이 없다. 책을 읽다가, 볕살 좋은 창가를 찾아다니다가 하며 겨울을 보내고 있다. 이번 겨울이 더욱 견디기 어려운 것은 한없이 먹은 나이 때문일까.

"찬바람 속을 절대로 다니지 마세요. 아무리 갑갑해도 절대로 바깥으로 나가지 마세요." 절대로 라는 말을 두 번이나 되풀이하며 딸애가 전화를 하였다. 겨울바람 속을 휘젓고 다니다가 마침내 앓아눕는 나의 허약함을 알고 있는 아이는 겨울이 되면 자주 이런 전화를 한다. "집안에서 고요하게 지내세요. 봄날에 피어날 마당의 화초들을 상상하며 겨울을 보내세요." 이런 말도 한다.

집안에서만 칩거하며 겨울을 보내라는 뜻이다. 봄날의 꿈을 꾸며 긴 겨울을 견디라는 뜻이다. 하지만 나는 그 말이 듣기 싫었다. 도시의 길도 걸어보고 사람들의 소리로 시끄러운 시장에도 가보고 차를 타고 달려가 낙동강도 보고 싶었다. 그러나 지금, 겨울바람을 감당할 힘이 내게 없음을 스스로 깨닫는다.

딸애의 말처럼 봄꿈을 꾸어보기로 하였다. '봄이 오면 꽃밭을 만들어 제일 먼저 꽃씨를 뿌리자.' '봄이 오면 분홍빛 명주 수건을 휘날리며 집밖으로 나가보자.' '봄이 오면 낙동강을 만나러 먼 길을 달려가자.' 이런 생각을 하였다. 하지만 아득한 느낌만 안겨줄 뿐 위로가 되지 못하였다.

옆집으로 마실을 갔다. 편한 옷차림, 편한 신발을 끌고 갔다. 그 집을 찾아간 것은 집주인 여자가 한 말 때문이다. "심심하면 언제든지 오세요. 항상 혼자 있어요." 했었다.

그는 매우 반가워하며 삶은 고구마도 주고 튀긴 옥수수도 주었다. 심심풀이 간식이라고 했다. 나는 심심풀이 간식을 많이 먹었다. 그날 우리는 심심한 것에 대한 말을 많이 하였다. 그는 집에 혼자 있기가 심심하여 자식 집으로 이사를 갈 것이라 했고 나는 심심함을 견디기 위해 마당의 나무들에게 정을 붙이며 살고 있다고 하였다.

머리맡에 말아놓은 담요를 그가 펼쳤다. 심심풀이 놀이를 하자고 했다. 화투였다. 나는 화투를 잘 모른다. 그러나 심심풀이라는 말에 끌려 화투를 배웠다. 육백치기를 배웠다. 짝 맞추기, 점수 계산하기 등을 자꾸 잊어버리는 나를 보고 "어찌 기억력이 그렇게 없소." 하며 딱한 눈으로 쳐다보았다.

그날 저녁부터 남편과 화투놀이가 시작되었다. 텔레비전을 보는 것 보다 재미가 있었다. 내가 자꾸 이겼다. 남편을 이긴다는 것이 이렇게 기분이 좋을 줄을 몰랐다. 화투를 치기 위해 마주 앉아있으니 그의 얼굴이 가까이 보였다. 화투를 만지고 있는 손도 보이고 흰머리도 보였다. 얼굴의 주름살도 보였다. 남편의 눈에도 나의 이런 모습이 보일 것이다.

화투 속에 있는 그림들이 눈에 뜨였다. 동산 위의 달도 있고 비 오는 날의 두꺼비며 우아한 동물도 있었다. 꽃과 풀들도 있었다. 나는 난초 패를 손에 쥘 때면 보랏빛 타래 난초가 있던 화단을 내다보고 목단을 손에 들면 꽃댕기처럼 피어나던 붉은 꽃을 떠올렸다. 국화 패를 만질 때 온 마당에 국화 향기가 넘치던 가을을 상상하였다. 기러기 그림을 볼 때면 어느 겨울밤, 어두운 창공을 날아가던 기러기 떼의 행렬을 생각하였다.

화투 속에 있는 단풍나무와 매화를 보고 우리 집 나무들을 바라본다. 쓸쓸하다. 내가 애타게 봄을 기다리고 있듯이 나무들도 봄을 고대하고 있을까. 꽃이 피는 시기, 잎이 솟는 시기를 내가 짐작하고 있듯이 나무들도 그때를 알고 있을까. 내가 심심풀이 화투치기를 하며 겨울을 견디고 있듯이 나무들도 몸을 흔들며 쓸쓸함을 참고 있을까. 봄꿈을 꾸고 있을까

며칠 후 나는 딸아이에게 전화를 할 것이다. 화투놀이를 하는 이야기와 내가 이긴다는 이야기를 할 것이다. 화투 때문에 싸운다는 이야기도 할 것이다. 화투속의 그림 이야기도 할 것이다. 아직 겨울잠을 자고 있는 마당의 나무 이야기도 할 것이다.

그러나 다음 말은 절대로 하지 않을 작정이다. 열흘 전, 눈이 내릴 듯한 하늘 밑을 지나 수변공원까지 외출을 했던 이야기, 담 밑의 신우대가 흔들리던 날, 바람에 끌려 집밖으로 나갔다는 말은 절대로 하지 않을 것이다.

그날 나는 긴 옷, 긴 목도리, 긴 구두를 신고 살짝 대문 밖으로 나갔었다. 추위가 침범 못하게 완전무장을 하고 수목원에 갔었다. 수목원에 있는 마가목과 콩배나무 밑을 오래 서성거렸다.

상쾌하여 입을 벌리고 웃어대었다. 순식간에 겨울바람이 나의 목을 침범하였다. 감기에 걸렸다. 콜록콜록 기침을 해대며 가만히 누워 있었다.

딸아이에게 이 이야기를 비밀로 하려는 것은 나잇값도 못하고 바람 따라 주책없이 쏘다녔던 나의 철없음을 감추고 싶은 마음, 건강을 염려하여 겨울 외출을 만류하던 딸애와의 약속, 그 약속을 쉽게 잊어버린 나의 건망증을 숨기고 싶은 마음 때문이다.

우리 집 매화에 꽃눈이 매달리고 난초가 묻혀있는 땅이 말랑말랑해지면 나의 심심풀이 화투놀이도 끝이 날 것이다.

읽기 쓰기 뜸들이기

　글쓰기는 어렵다. 이 말을 제일 앞에 두는 것은 이런 생각을 자주 하고 있기 때문이다. 지금도 수필 두 편을 컴퓨터에 걸어두고 썼다가 지웠다가 덮어두었다가 다시 꺼내었다가 하고 있다. 회의에 빠지기도 한다. 따뜻한 봄날에 왜 이 일을 하고 있는가. '스스로 사서하는 고생이다.' 하는 마음이 든다. 그러나 수필가로 등단을 하였고 등단은 글쓰기의 약속을 의미하기 때문에 그만 둘 수가 없다. 등단을 한 모든 수필인들의 엄숙한 사명이기도 하다. 나를 표현하고 싶다는 생각은 모든 사람들이 가지고 있는 아름다운 욕망이다. 우리는 수필을 통하여 모든 것을 표현하고 있다.

　내가 수필을 쓰게 된 동기는 이러하다. 처음에는 시를 썼다. 시인의 분방함이 탐이 났다.「국화」「목숨」「갈색의 위치」「표현」「바람」의 연작시 등, 우울한 시를 많이 썼다. 그런데 어느 때 부터인가. 끊임없이 사색하고 끊임없이 추구해야 하는 문학적인 삶의 자세가 싫어졌다. 무감동, 무감각, 이런 삶이 편안할 것 같았다. 글쓰기를 중단하였다. 그리고 돌아다녔다. 그러나 무언가를 상실한 채 방황하고 있는 모습이 미아가 된 것 같은 느낌이 들었다.

　다시 글 읽기를 시작하였다. 그때 읽은 책이 한스 카롯사의 『전쟁일기』, 페이터의 산문인 『지식의 나무』, 린더버그 여사의 『바다의 선물』이었다. 이들 책들은 산문에 대한 매력을 갖게 하였다. 그 후 나는 시를 쓰는 대신 산문을 썼다. "인생은 살 것이 아니라 꿈꿀 것이다." 라고 말한 마리 로랑생의 그림처럼 그런 향기롭고 우울한 수필을 쓰고 싶었다.

　수필은 나에게 사랑이고 의무이다. 이런 의무감 때문에 글쓰기가 힘이 든다. "글이 술술 나온다." "절대로 다시 고치지 않는다." 하는 사람들을 보면 부럽다. 나의 글쓰기는 그와 정 반대이다. 글의 소재를 찾아 눈을 크게 뜨고, 바람과 같은 느낌들을 붙뜰어 가슴 속에 수용하고, 집짓기를 하듯이 수없이 궁리하고, 그 짓이 고통스러워 밀쳐내고, 멀리 밀어낸 것 같았던 글의 명제가 여전이 내면 깊숙이 자리 잡고 있음을 깨닫고, 그래서 수필 한 편은 고통을 동반한 분신이기도 하다.

 뜸을 많이 들이는 글쓰기를 하고 있다. 요사이 쓰고 있는 「파묻히다」라는 수필은 일 년 전의 겨울, 첫눈이 내릴 때부터 시작하였다. 하지만 지금까지 미완未完으로 남아있다. 언제부터 오래 뜸을 들이는 글쓰기를 하고 있었을까. 능력의 부족함이 그 이유이겠지만 문학의 길을 가르쳐 준 스승님들의 영향이 더 큰 것 같다.

 나의 문학의 진정한 스승은 읽고 있었던 방대한 책들과 우리 할아버지와 윤 오영 선생님이시다. 여학교 시절. 할아버지를 따라 비봉루에 올라간 적이 있다. 지리산이 아득히 보이는 서쪽 하늘에 노을이 떠 있었다. '하늘에 깔린 타는 듯한 노을과 백여 년 간 인간의 발길에 닳아 반들거리는 석돌과 빛이 바랜 누각의 단청과 뒷산에서 술렁이는 갈잎 소리에 귀 기울이시던 할아버지는 한참을 말이 없으시다가 문장은 이것들 속에 있다고 하셨다.'. 오래 전에 쓴 수필 「할아버지」의 한 구절이다. 그날 할아버지의 오래 바라보심과 오래 귀 기울이심, 오래 침묵하심은 문장에 대한 확신을 어떻게 찾아내는가를 나에게 가르쳐 주셨다.

비봉루의 붉은 기둥과 나란히 서서 시詩 한 수를 읊으시던 할아버지, 할아버지가 입으셨던 두루마기의 결곡한 흰 빛과 꼿꼿하게 서서 글을 읊으시는 할아버지의 낭낭한 음성과 서늘한 눈빛이 이 땅에 남아있는 선비들의 정신임을, 그 엄격함이 글을 짓는 사람들의 자세임을 깨우침 받았다.

윤오영 선생님을 찾아가 뵌 적이 있다. 문간의 작은 방에 거처하고 계셨고 몸이 불편하신 것 같았다. 선생님은 수필 이야기를 오래 하셨다. 그러다가 "요사인 너무 쉽게 글을 쓰려는 것 같다. 가령 붉은 석양을 보았으면 아, 곱다. 하고 바로 쓰려고 할 것이 아니라 몇 번이고 보고 또 보며 어제의 석양과 오늘의 석양이 서로 다름을 분별할 줄 아는 눈을 길러야 된다. 숨어 있는 정신도 찾아낼 수 있는 마음을 지녀야 된다."고 하셨다. 그때 나는 석양의 허무까지도 바라보기를 원하시는 선생님의 말씀에서 깊은 가르침을 받았다. 그날 선생님께서는 수필집 『고독의 반추』를 직접 서명하여 주셨고 나는 「구름새 발자국」이라는 수필 한 편을 보여 드렸던 것 같다.

지난날에 쓴 기행수필 「모자」는 체험 후, 삼년 만에 쓴 글이다. 한국에 돌아온 후에도 잃어버린 모자의 기억이 오래 남아있었다. 머리 위에서 나를 호사스러운 여왕으로 꾸며주고 남아있는 여행길을 더욱 확고한 동경으로 이끌어 주던 금빛모자, 열차의 선반 위에 얹혀 북구北歐의 황량한 땅을 향해 혼자 흔들리며 가버린 모자, 스물여덟 시간의 짧은 인연으로 끝나버린 모자를 글속에 간직하고 싶었다. 서로 선택이 되어 인연을 맺고 사랑의 정이 생성하고 또 떠나고, 이런 만남과 헤어짐의 순서는 삶의 도처에 깔려 있고 그 아픔과 비애를 표현하고 싶었다. "잃어버린 모자가 나의 깃발이 되고 바람이 되고 또 한 마리 새가 되어 내가 가보지 못한 세상 구석구석을 홀로 돌고 있는 꿈을 꾼다." 이렇게 끝을 맺었다.

「감자를 먹으며」라는 수필을 쓴 적이 있다. 앞산 밑에 집을 지은 지 삼십 년, 하루에도 수없이 산꼭대기와 눈이 마주친다. 사계四季가 뚜렷하게 왕래하는 산의 모습, 아침 산의 빛남과 저녁 산의 적막함, 이런 것들을 올려다보며 산과의 인연을 생각하였다. 어떤 때는 "참 소중한 인연이다." 하였고 어떤 때는 "참 질긴 인연이다." 하였다. 앞산에 대한 수필 한 편을 쓰고 싶었다. 그 글을 산에게 바치고 싶었다.

"구름이 몰려오면 구름 속에 숨어있고 안개 떼가 희롱을 하면 그대로 모든 것을 맡기고 비바람이 불어 닥치면 거친 세력

앞에 온몸이 젖어버리는, 그러나 언제나 제자리를 지키며 말이 없는 산, 아무 변덕이 없는 산의 모습은 나의 옛 친구와 닮아있다. 감자의 담담한 맛과 닮아 있다. 그런 앞산의 모습을 나도 닮고 싶다." 이렇게 글을 마무리하며 산에 대한 애정을 표시하였다. 앞산과 만난 지 삼 십 년 만에 완성시킨 수필 한 편이다.

좋은 수필에 대한 욕심은 누구나 갖고 있을 것이다. 나도 욕심이 많다. 글 한편을 쓴 후 '다 되었다.' 하고 기뻐하지만 이내 그 마음이 사라지고 만다. 불필요한 단어들이 수없이 눈에 띈다. 문장의 가지치기가 시작된다. 한 작품을 두고 다섯 번 이상을 퇴고한다. 드디어 간결한 문장으로 바뀌고 나는 수필 한 편을 외어버리는 상태가 된다.

사람들이 "수필공부를 어떻게 합니까." 하고 묻는다. 대답은 간단하다. 좋은 소설을 많이 읽고 좋은 시를 많이 외우라고 권한다. 문장의 구성, 문장의 리듬을 공부할 수 있기 때문이다. 좋은 그림, 좋은 음악도 가까이 하기를 권한다. 색채의 황홀함과 가락의 신명이 감성을 풍요롭게 해주기 때문이다. 어떤 사람이 "이것, 수필 감이다." 했다. 이것이란 어떤 사건을 두고 하는 말이었다. 사건이 어찌 수필 감인가. 독특한 경험, 흥미로운 사건은 혼자만의 감동이며 나타내고 싶은 자신의 이야기 일 뿐이다.

나는 수필의 문학성을 존중한다. 그리고 수필의 치열성도 소중하게 생각한다. 문학성, 치열한 정신, 이런 것이 수필을 문학으로서의 대접을 받게 한다. 어떤 이는 대중이 좋아하는 수필 쓰기를 주장한다. 서정抒情을 부정하며 감각적인 수필을 써야 된다고 말한다. 그래야만 잘 팔린다고 한다. 팔리는 글, 아부하는 글, 영합하는 글, 타협할 수 없다. 문학의 고결함을 버릴 수 없다. 서정의 아름다운 맥을 끊어 버릴 수 없다. 서정은 우리의 진실한 감정이고 정서의 끈이다. 부모가 자식에게 갖는 애틋한 마음, 자식이 부모에게 갖는 안타가운 마음, 이것이 바로 서정의 뿌리이다. 삶의 질서와 신비가 있는 한 서정의 감미로움과 아픔은 사라지지 않는다.

수필집을 많이 받는다. 밤 새워 읽는다. 글을 읽으면서 작가의 시선視線을 따라가 본다. 시선의 끝이 명확하면 마음이 상쾌하다. 책을 출간할 때의 설렘과 조심성, 세평世評에 대한 기대와 두려움을 이미 알고 있는 나는 소중한 마음으로 읽는다. 격려를 보낸다. 더욱 좋은 수필을 만나기를 기대한다.